EDUCAR CON 3 CES: CAPACIDADES, COMPETENCIAS Y CORAZÓN

UN MODELO EDUCATIVO INTEGRAL

Mar Romera

EDUCAR CON 3 CES: CAPACIDADES, COMPETENCIAS Y CORAZÓN

UN MODELO EDUCATIVO INTEGRAL

Mar Romera

Educar con 3 Ces: capacidades, competencias y corazón

© 2025 Mar Romera

Primera edición, 2025

Directora de producción: M.ª Rosa Castillo
Corrección: Mónica Muñoz
Maquetación: D. Márquez
Diseño de la cubierta: cuantofalta.es

© 2025 Editorial Sentir es un sello editorial de Marcombo, S. L.
Avenida Juan XXIII, n.º 15-B
28224 Pozuelo de Alarcón. Madrid
www.editorialsentir.com
Contacto: sentir@marcombo.com

© Colección: Educar con 3 Ces

ISBN: 978-84-267-3956-8
D.L.: B 3920-2025

Impresión: Service Point
Printed in Spain

Libro ecológico
Impreso con papel procedente de bosques gestionados
de manera eficiente, libre de cloro.

ÍNDICE

1

INTRODUCCIÓN

Si supiera que el mundo se acaba mañana,
yo, hoy todavía, plantaría un árbol.
(Martin Luther King)

Sentada en un escalón de la entrada de un edificio, casi escondida de la gente, fue cómo, desde el enfado y las ganas de hacer que los sistemas educativos de verdad piensen en la infancia, apareció en mi cabeza este modelo educativo. Esto sucedió en el intermedio de un congreso de educación celebrado en España allá por 2007.

Yo debía hacer una conferencia después del descanso para la comida, pero casi nada de lo que había preparado días anteriores fue parte de mi exposición.

Como en otras muchas ocasiones, también aquella hacer política con la educación escondía la buena política educativa y, por supuesto, la infancia y sus derechos.

La moda del momento nos llevaba a hablar de competencias, competencias definidas desde los organismos internacionales como el faro que orienta en el camino de todo sistema educativo. Las ideas eran buenas, pero qué pasa con las competencias (las fortalezas personales de cada ser humano) y qué pasa con el corazón (las emociones que nos salvan la vida y nos permiten desarrollar sentimientos); todo lo que realmente nos diferencia de la época en la que la Tierra estaba dominada por criaturas sin cerebro, sin sentidos, sin pensamientos, sin sueños..., sin valores.

En estos renglones, se recopilan la experiencia y la reflexión de más de tres décadas de escuela, de escuelas pequeñas y escuelas de grandes, de escuelas para pequeños y escuelas para mayores.

Me gustaría, en estas líneas, redactar las claves para encontrar la plenitud de la escuela ideal y, de ese modo, poder compartirlas con todas las personas que se han implicado en este bonito proyecto, pero, aunque llevo años buscándolas, no las tengo; lo que sí he aprendido es que podemos hablar sobre ella, buscarla, repartirla... y es entonces, cuando la repartimos, justo cuando la encontramos; no es un encuentro definitivo: solo son segundos de aliento para seguir buscándola.

En tiempos revueltos, tormentosos y grises como los que nos ocupan, cuando es casi imposible encontrar una buena noticia en la prensa de la mañana, hablar de estos temas puede parecer demagógico, irreal e incluso irresponsable. Sin embargo, creo que la vida es un regalo y está pensada para el disfrute y el crecimiento, no para el sacrificio y el sufrimiento, aunque sea esta segunda opción lo que a muchas personas les interesa para poder dominar.

Las buenas personas somos la mayoría, quienes queremos estar felices cuando toca; ganaríamos cualquier situación electoral por mayoría absoluta, pero, sin embargo, unos pocos están consiguiendo hacernos invisibles. El pudor de la utopía nos esconde, la falsa modestia del sacrificio nos envuelve y, si lo pensamos, esto no tiene sentido.

Yo quiero ser Momo y, como él, tener la fuerza necesaria para arrinconar a los hombres de gris. Yo quiero ser Potter y, como ella, tener la fuerza y la valentía de salir al bosque para enfrentarme a Lord Voldemort sin miedo (más «al qué dirán» que al bosque).

Yo quiero ser el profesor Keating en *El club de los poetas muertos,* para proponeros «vivir intensamente y sorberle todo el jugo a la vida; dejar de un lado todo lo que no es vida, para no descubrir, a la hora de nuestra muerte, que no hemos vivido». Yo quiero ser gente VIVA.

Susanna Tamaro dice: «Cada vez que, al crecer, tengas ganas de convertir las cosas equivocadas en cosas justas, recuerda que la primera revolución que hay que realizar está dentro de uno mismo; la primera y la más importante: luchar por una idea sin tener una idea de uno mismo es una de las cosas más peligrosas que se pueden hacer» (*Donde el corazón te lleve*).

Lo cierto es que, después de muchos años pisando escuela como docente, más de tres décadas de mi vida, es ahora cuando me estoy encontrando con un resurgir de la ilusión en la base, en maestros y maestras que hacen cada día para modificar su realidad próxima, y somos muchos y muchas. Quizá en esta ocasión no necesitemos que las propuestas de cambio vengan sugeridas desde un boletín oficial; quizá en esta ocasión la transformación se ha iniciado en cada persona relacionada con la profesión docente y, de este modo, creo que sí tendremos opción al cambio real.

En la aventura de la educación, no existe botín más preciado que la propia satisfacción personal al contemplar la sonrisa de un niño. Cuando esto no te sucede, quizá no te encuentras en el camino acertado o en la aventura apropiada. No tengas miedo de cambiar. No pasa nada. Cambia. Tu vida y la vida de los que te rodean merecen buscar y encontrar la felicidad, durante segundos, pero saber que existe.

En esta aventura, es necesario cargar en la mochila para el viaje los tres filtros que nos propone Sócrates:

Un discípulo llegó muy agitado a la casa de Sócrates y empezó a hablar de esta manera:

—¡Maestro! Quiero contarte cómo un amigo tuyo estuvo hablando de ti con malevolencia...

Sócrates lo interrumpió diciendo:

—¡Espera! ¿Ya hiciste pasar a través de los Tres Filtros lo que me vas a decir?

—¿Los Tres Filtros...?

—Sí... —replicó Sócrates—. El primer filtro es la **verdad.** ¿Ya examinaste cuidadosamente si lo que me quieres decir es **verdadero** en todos sus puntos?

—No... Lo oí decir a unos vecinos...

—Pero, al menos, lo habrás hecho pasar por el segundo Filtro, que es la **bondad.** ¿Lo que me quieres decir es, por lo menos, **bueno**?

—No; en realidad, no... Al contrario...

—¡Ah! —interrumpió Sócrates—. Entonces, vamos al último Filtro. ¿Es **necesario** que me cuentes eso?

—Para ser sincero, no... Necesario no es.

—Entonces —sonrió el sabio—, si no es verdadero ni bueno ni necesario..., sepultémoslo en el olvido...

¿Tienes algo que decir a otra persona? Recuerda pasarlo por la VERDAD, la BONDAD y la NECESIDAD antes de decirlo.

En nuestra escuela, hay demasiado ruido, poca acción... Pensando en esta hipótesis, encontré en mi cabeza una de esas historias de siempre que guardan una respuesta:

Cierta mañana, mi padre me invitó a dar un paseo en calesa por el campo y acepté con placer. Él se detuvo en una curva y, después de un pequeño silencio, me preguntó:

—Además del cantar de los pájaros, ¿escuchas alguna cosa más?

Agudicé mis oídos y, algunos segundos después, le respondí:

—Estoy escuchando el ruido de una calesa.

—Eso es, dijo mi padre: es una calesa vacía.

Pregunté a mi padre:

—¿Cómo sabes que es una calesa vacía, si aún no la vemos?

—Es muy fácil saber cuándo una calesa está vacía, por causa del ruido. **Cuanto más vacío va el carruaje, mayor ruido hace** —respondió.

Me convertí en adulto y hoy, cuando veo a una persona hablando demasiado, interrumpiendo la conversación de todo el mundo inoportunamente, presumiendo de lo que tiene (y lo más seguro es que no tenga nada), sintiéndose prepotente y haciendo de menos a la gente o haciendo alarde de su información, tengo la impresión de oír la voz de mi padre diciendo: «Cuanto más vacía está la calesa, mayor es el ruido que hace».

Para cerrar estas líneas, cerrar lo que abre mil más, quiero aprovechar las sabias palabras de Manuel Pimentel y recopilar aquí el decálogo del caminante porque, a fin de cuentas, el ejercicio de la escuela es el ejercicio de la vida, y el ejercicio de la vida es el ejercicio del caminante, del viajero responsable, del viajero que puede disfrutar el camino sin necesidad de hacerse una foto en cada lugar para demostrar su existencia. Trabajar con un alumnado diferente es diferente; es haber elegido un camino más pedregoso, menos reconocido; en algunos casos, ni siquiera está en las guías de viaje, pero es una opción: es una elección que, para aquella persona que la tomó, puede ser tan valiosa como la hoja de ruta que la lleve en el camino de su vida hacia la realización personal y la búsqueda de la felicidad.

Decálogo del caminante

- **Primero.** Ten sueños, metas e ideales. Conceden sentido a tu andar y marcan el norte a tu brújula vital. Justifican el esfuerzo que realizas. La sensación de acercarte a ellos te proporcionará felicidad en tu camino.

- **Segundo.** Que esa meta te estimule, que no te aplaste. Metas más allá de tus posibilidades pueden frustrarte.

Por el contrario, metas demasiado cortas pueden acomodarte y hastiarte. Deben conseguir que te esfuerces para dar lo mejor de ti, pero no amargarte ni alienarte.

- **Tercero.** La felicidad no se concentra en el preciso instante de cruzar la meta; hay que saber encontrarla en cada etapa del camino. No la difieras en exclusiva al futuro logro de tus objetivos; disfruta de las pequeñas cosas de cada jornada. Establece metas intermedias; superarlas te estimulará y te reafirmará en el camino correcto.

- **Cuarto.** A meta alcanzada, nueva meta planteada. Evitarás el caos y el vacío de una vida sin proyecto ni norte. Esas nuevas metas no solo deben conjugarse con el más y más, sino con lo diferente y, sobre todo, con lo mejor.

- **Quinto.** Apóyate en el bastón de tu talento, guíate por la brújula de tus sueños e ideales y planta tus botas sobre la realidad. Los viejos caminantes saben que, para llegar lejos, deben marchar paso a paso, mirando al suelo para no tropezar, pero elevando la mirada a las estrellas para marcar el rumbo que seguir. Que tu inteligencia e intuición te ayuden a escoger la ruta más adecuada en las muchas bifurcaciones que se te presentarán cada día.

- **Sexto.** El camino tiene sentido en su conjunto. Integra en él los capítulos duros, de dolor y sufrimiento. Aislados, te amargarán; insertos en tu vida entera, adquirirán sentido. Lo comprenderás cuando tengas suficiente altura de miras como para poder comprender tu propio camino pasado y sepas aprovecharlo para el que aún te queda por recorrer.

- **Séptimo.** Los demás caminantes reconocen en ti al personaje que tú proyectas. Eres lo que haces y no cómo piensas que eres. Raymond Carver escribió que «tú no eres tu personaje, pero tu personaje sí eres tú». El personaje que los demás ven es más real que la persona que tú te consideras en tu interior. Presta atención a lo que en verdad haces, y no te autojustifiques con la excusa de lo que piensas que eres.

- **Octavo.** La coherencia entre tu persona y tu personaje, entre lo que piensas y lo que haces, te hará sentir bien. La incoherencia vital te hará el camino insufrible.

- **Noveno.** Tu vida es una novela que escribes con tus actos. Conoce a tu personaje y desarrolla tus potencialidades en función de las circunstancias y de tus sueños e ideales. Comprende tu realidad de escritor de la propia novela de tu vida, influye en el argumento de tu novela y concede mayor protagonismo a tu personaje. Podrás comprender tu camino en su conjunto.

- **Décimo.** No caminas solo. Tu felicidad también se encuentra en la de los demás. Lo que das recibes. Ayuda con generosidad y no olvides que, además de las personas, también nos acompaña la naturaleza ubérrima con toda su vida hermana.

Un decálogo sencillo para un camino complicado de rosas y espinas: el de tu propia vida; el de tu propia profesión, maravillosa: maestra y maestro.

¡Suerte con ella, hermano! ¡Suerte con ella, hermana!

«Educar» es una palabra mágica, con tantos colores y sorpresas como el ser humano.

«Conducir», «nutrir», «alimentar», «hacer crecer» son términos que expresan el significado profundo de esta palabra y todo su contenido. Detrás de este documento, hay un proyecto de eso, de EDUCAR; está la ilusión de trazar un rumbo con el objetivo de consolidar el camino que cada día se construye en la escuela.

Se trata de acompañar al niño y a la niña en su desarrollo integral; es el diseño de un encuentro, entre el proyecto de vida y el proyecto educativo.

El mundo no cabe por los ojos de nuestros niños y niñas y, sin embargo, ellos y ellas aún confían en que todo lo que necesitan saber en la vida llegará a su cabeza y a su corazón de la mano de su maestra o maestro o de sus familias.

Este proyecto se presenta como un «lugar» cercano, familiar, seguro, que ayude al alumnado de la escolaridad obligatoria a descubrir cuál es su lugar en el mundo, afianzando su ser como personas, desde los aciertos y los errores, con ensayos y ensayos, miradas y manos llenas de muchos «tú puedes», porque se trata de una conquista personal.

* * * * * * *

Los niños no son el futuro porque algún día vayan a ser mayores, sino porque la humanidad se va a acercar cada vez más al niño.
(Milan Kundera)

En este proyecto, se considera que el niño y la niña a quien va dirigido es alguien único, irrepetible, frágil; es alguien digno del máximo de los respetos. Por este motivo, uno de los pilares de este proyecto es el RESPETO, fundamento de cualquier actitud educadora. Respetar al niño y a la niña significa aceptarlo como es; partir de él, de lo que es y de lo que puede; conocer sus necesidades vitales y respetar sus recursos personales. Respetarlo/a es poner en juego lo que hay en él o ella de mejor; dejarlo ser lo que puede ser, aunque esto no responda a lo que se esperaba, a lo que otros esperaban.

Respetar al niño y niña es llevarlo a ser el protagonista de su propia maduración; es despertar y valorar sus intereses profundos y apelar a su creatividad; es exigirle conforme a lo que puede, y no menos; es impulsar y frenar; es animar y no desalentar.

Todo esto es así solo si se acepta y se confía en que la diversidad enriquece. Todos y todas diferentes, pero muy parecidos, porque iguales son nuestras emociones y muy parecidos nuestros sentimientos y nuestras razones para vivir. Este proyecto educativo se propone como un encuentro con lo diferente.

Es un proceso de socialización, en el que el niño y la niña irán aceptando la variedad y descubriendo su riqueza en el mundo de las relaciones humanas. En este proyecto, se entiende que esto es educar para la vida, en una cultura de paz, tolerancia, igualdad y respeto.

La verdadera educación integral es aquella que arranca de la unidad de la persona y, en este proyecto, se apuesta por ello. Se propone el trabajo para que la persona crezca en todas las dimensiones y capacidades, desde la razón y el corazón: sentir pensando y pensar sintiendo. Este proyecto solo es entendido desde la conquista de la autonomía, aprovechando oportunidades en una conquista autónoma, pero siempre rodeados de los demás.

Es una propuesta educativa socializadora y cooperativa, donde el crecimiento personal e individual es la base de la conquista social necesaria para vivir, vivir con los demás.

La enseñanza de alta calidad mejora los resultados del alumnado, y el desarrollo profesional eficaz ofrece una herramienta crucial para desarrollar la calidad de la enseñanza y, posteriormente, mejorar los resultados del alumnado en el aula.

Con esta propuesta, se busca la participación de todos y todas, sin que nadie quede excluido ni eliminado, independientemente de las características, condiciones, experiencias previas o habilidades personales.

Es una apuesta por las metas colectivas y no las metas individuales, por la propuesta y el clima placentero en una convivencia compartida. Se favorecen la unión y la suma de aportes individuales y no la competición o la homogeneidad. Se centra en el interés en el proceso y no en el resultado, siempre como un reto, un superar desafíos u obstáculos personales o grupales.

Lo mejor de cada uno de nosotros se construye por confianza en los demás, y por la confianza de los demás. La valoración que cada uno hace de sí mismo es el motor del comportamiento y del aprendizaje. El niño y la niña se forman su propia imagen a partir del comportamiento hacia él o ella de las personas que lo rodean.

Con esta propuesta, se prevé el establecimiento de un vínculo afectivo (alumnado-profesorado), que le transmita confianza y seguridad. Solo desde la seguridad, el amor y la confianza, se puede aprender, y estas plataformas emocionales deben ser experimentadas de igual forma por las dos partes (profesorado y alumnado).

Esta propuesta tiene sentido desde la concepción de que la educación es una tarea compartida. La familia no es importante: es imprescindible. Y, como tal, debe ser entendida y considerada; una colaboración estrecha y activa, una colaboración basada en el respeto. Es un proyecto «con ojos de niño» que proyecta en los ojos de niños y niñas una fuente de paz y de amor para toda la vida.

Esta tarea compartida se propone desde la comunicación armoniosa, sabiendo que esta no es una entidad abstracta susceptible de caprichos culturales e ideologías al uso. En este proyecto, se trata de objetivos y medios; se trata de la única forma: consenso y encuentro.

Este proyecto se asienta sobre bases firmes y propuestas investigativas actuales y validadas. En ningún momento nos olvidaremos de la Convención Internacional de los Derechos del Niño, de la que destacamos, de forma significativa y prioritaria, en el sistema educativo el derecho al juego y el derecho a opinar libremente sobre los aspectos que les incumben (siempre por parte de los niños y niñas).

La fuerza de las 3 Ces

Los poetas son hombres que han conservado sus ojos de niño.
(León Daudí)

Los derechos de niños y niñas nos recordarán, en todo momento, las obligaciones de los adultos, nuestras responsabilidades como profesionales de la docencia y como madres y padres.

Un buen día, desde la fuerza que da el enfado (obstáculos para conseguir la escuela que sueño), salieron las tres palabras: **capacidades, competencias** y **corazón**: lo que mis hijas necesitan, lo que yo necesito.

Estos tres elementos hacen referencia a los tres participantes fundamentales en el «juego de educar»: alumnado, profesorado y familia.

Hablar de capacidades es hablar de potencialidad (porque PUEDES), hablar de competencias es apostar por la acción (porque HACES) y, en último lugar, pero no por ello menos importante, hablar de corazón es hablar de una educación afectiva y del afecto (porque QUIERES).

Las tres dimensiones son imprescindibles en nuestros días, en nuestras vidas y en nuestras escuelas.

«Educar con 3 Ces» es aplicable a muchos más conceptos; podríamos jugar a decir que existen siete tríos de tres Ces, en los que se encierran las respuestas a las preguntas que cada día nos hacemos todos aquellos y aquellas que tenemos nuestra esperanza puesta en la infancia, en el futuro y en la educación.

El número 3 representa «totalidad», quizá porque 3 son las dimensiones del tiempo: pasado, presente y futuro. Simboliza el equilibrio de todas las cosas manifiestas. Los pitagóricos nunca consideraron números al 1 y al 2; para ellos, la tríada fue el número primero, por ser el equilibrio de las unidades. En la misión que nos ocupa, la educación, estamos tres: alumnado, familia y profesorado.

El número 7 tiene el simbolismo más conocido de todos. Representa la perfección. Siete días tiene la semana; siete los colores del arco iris; siete las notas de la escala musical; siete fueron los sabios de Grecia; siete las maravillas del mundo; siete días tardó Dios en crear el mundo, según la Biblia. Incluso son siete las vidas que supuestamente tiene un gato y los enanitos que cuidaron a Blancanieves. El siete es un número mágico en culturas muy diversas. Parece que los problemas de nuestros días también se resolverán con 7: G7.

Siete deben ser los sentidos de un buen profesional de la enseñanza. Como cualquier persona, el maestro cuenta con cinco sentidos, pero, en el caso de esta profesión, adquieren un matiz diferente. Analicemos cada uno de ellos:

- **La vista:** la maestra no ve; mira. Mira de una manera especial, porque mira a personas especiales, los niños, y es así como debe mirar: «con ojos de niño».

- **El oído:** la maestra no oye; escucha. Escucha lo que los niños tienen que decir —es importante— y, cuando escucha, lo hace con la «oreja verde»:

  Es una oreja de niño que me sirve para oír cosas que los adultos nunca se paran a sentir; oigo también a los niños cuando cuentan cosas que a una oreja madura parecerían misteriosas...

  (Rodari)

- **El gusto:** el maestro puede saborear cada minuto de la escuela como si fuera el último, como si fuera el primero;

disfruta del tiempo por lo que es y nunca por lo que será después. El maestro auténtico sabe interpretar el valor propedéutico de la educación para disfrutar el momento construyendo el futuro con mucho amor, como las auténticas recetas.

- **El tacto:** tocar para hacer sentir, enredar los dedos entre el pelo del niño que se siente único en ese momento, porque su maestra solo lo está «tocando» a él. Es como una pompa de jabón a la que rozar con delicadeza provoca una gran emoción, pero, si la caricia es demasiado brusca, se rompe.

- **El olfato:** nuestro genio Salvador Dalí decía que «el olfato es el que mejor transmite la idea de inmortalidad». En la escuela, al olfato lo llamaré «intuición». Otros llaman a la intuición el «sexto sentido», pero aquí lo juntaremos con el olfato, para entender, por un lado, que la escuela debe seguir oliendo a goma y sacapuntas; oler a escuela, a entrañable, pero, a la vez, el «olfato del maestro» podrá conocer antes de que suceda todo lo que será relevante para la vida de un niño y actuará en consecuencia.

Analizados los cinco sentidos, puede parecer que la receta esté completa; los ingredientes fundamentales están citados, pero no es así: nos faltan dos. **El maestro auténtico tiene la suerte de tener siete sentidos:**

- **El sentido común:** Groucho Marx decía que este sentido es un don, y que es el menos común de todos nuestros sentidos. En la receta del magisterio, es imprescindible; por eso es tan difícil ser buen maestro.

- **El sentido del humor:** el sentido del humor es el mejor nivel de expresión de la comunicación y de la creatividad; es un privilegio de personas inteligentes. Freud dijo que «el humor es la manifestación más alta de los mecanismos de adaptación del individuo». La escuela necesita reírse; necesita demostrar, y demostrarse, que es inteligente, muy inteligente. Si la escuela no desarrolla su propio sentido del humor, estará a disposición de que «los demás» hagan con ella lo que quieran, y quizá esto es lo que esté pasando. Reírse no es tomarse nada a broma; no es dejar de ser serio: es acometer las circunstancias de forma inteligente.

Con todo esto, ¿cuáles son los siete tríos de 3 Ces?

I. Capacidades, competencias y corazón

II. Compromiso, coraje y confianza

III. Casa, colegio y calle/ciudad/comunidad

IV. Coherencia, cooperación y calma

V. Cambio, control y consenso

VI. Calidad, continuidad y convivencia

VII. Cabeza, cuerpo y corazón

Posiblemente, este listado puede seguir creciendo hasta 21, que es el siguiente número mágico... Pero, por hoy, analizaremos estos y profundizaremos en el primero:

- **Capacidades, competencias y corazón:** principal eje del sistema y de este proyecto.

- **Compromiso, coraje y confianza:** desde el Ministerio de Educación hasta el maestro de la unitaria más pequeña de cualquier comunidad. Se trata de apostar por un compromiso lleno de coraje plantado en la mesa desde la confianza en los otros y para generar confianza en todos. La escuela debe comprometerse con la familia, confiando en ella, y no desde la culpa o la crítica, y a la inversa igual. Todas las personas tenemos el mismo objetivo: el futuro de nuestros hijos e hijas.

- **Casa, colegio y calle/ciudad/comunidad:** el camino entre la casa y el colegio debe unir, dar seguridad y confianza a nuestros niños y niñas y no convertirse en la trinchera que separa dos bandos de una misma batalla. El camino hacia la escuela debe ser recorrido con tanto cariño e ilusión que, por sí mismo, genere aprendizaje. Francesco Tonucci nos propone construir entre todos una *Ciudad de los niños*, que empieza por el camino a la escuela, niños y niñas solos y juntos.

- **Coherencia, cooperación y calma:** de lo contrario, ya se encargan los medios de comunicación, el consumo y la competitividad.

- **Cambio, control y consenso:** la mejora de las competencias, de las habilidades para la vida, debe empezar por el profesorado; por los docentes que, en el cambio de rol y de perspectiva a que se ven, nos vemos, obligados en este siglo: la principal competencia, dicen algunos, es la de desaprender cada día para aprender lo nuevo y desde lo nuevo. No es que lo de «ayer» estuviese mal; es que lo de hoy es diferente.

- **Calidad, continuidad y convivencia:** hablamos aquí ce una calidad que va más allá de la cantidad y de la certificación; una calidad que, sin continuidad, no tiene sentido: continuidad del profesorado, de los proyectos que se inician, de las metodologías y los cambios de etapa...; continuidad desde la convivencia, en la que se respeta la diversidad, dando igualdad de oportunidades y sin homogeneizar la diferencia.

- **Cabeza, cuerpo y corazón:** el desarrollo integral de cada persona es un objetivo prioritario de la educación formal, de sus currículos y de las diferentes estructuras: el aprendizaje con el cuerpo. La importancia del ejercicio físico, de la alimentación, de los hábitos saludables son parte del cuerpo, del desarrollo motriz saludable y adecuado. Aprender a pensar lo ubicamos en la cabeza (aunque sin olvidar el juego de las analogías; en la cabeza, también están el cuerpo y el corazón), el corazón, el mundo de las emociones, los sentimientos y los estados de ánimo; aquellas realidades del ser humano que condicionan todas las demás.

Si por un momento pudiésemos entrar en la «clase de Pociones» de la mano de H. Potter, quizá podríamos mezclar todas las palabras señaladas en negrita en los párrafos anteriores y que empiezan por C, y la pócima resultante sería el elixir perfecto para impregnar cualquier proyecto educativo de cualquier centro que ame, piense y respete a la infancia.

Este proyecto define el centro que queremos:

- Un centro escolar en intercomunicación con las familias y la comunidad
- Un centro escolar para TODOS los niños y las niñas (escuela inclusiva)
- Un centro escolar que facilita la intercomunicación entre edades (agrupamientos flexibles)
- Un centro que fomenta la autonomía del alumnado
- Un centro que organiza recursos (espacios, tiempos, otros...) en función siempre del alumnado; un centro con puertas abiertas en todos los sentidos y no solo en días puntuales
- Un centro ubicado en un espacio privilegiado, cargado de cultura, emociones, tradiciones y propuestas (en todos los contextos, es posible encontrar estas variables)
- Un centro que educa en relación directa con la naturaleza
- Un centro como lugar de acogida para todos y todas

- Un centro atractivo, estimulante, lleno de música, de arte, de olores y propuestas increíbles de juego: siempre juego infinito, frente al juego finito

- Un centro que escucha con «oreja verde» «las heridas» de los niños y niñas, y construye siempre desde el RESPETO

- Un centro que cuida, respeta y «mima» a sus maestros y maestras, sin los cuales nada de todo lo anterior sería posible

- Un centro en evaluación continua y formativa, de todos y para todos. Siempre podemos mejorar: evaluar para conocer, conocer para comprender y comprender para mejorar

- Un centro con PROYECTO

Este proyecto, en cualquier centro de cualquier localidad, siempre debe ser único y respetuoso: respetuoso con la infancia de ese lugar, con la realidad, con el equipo docente. Y debe, a su vez, integrar de forma realista, crítica y rigurosa la normativa.

Un currículo abierto y flexible, con posibilidad de ser «adaptado», pero dentro de parámetros que garantizan calidad e igualdad. La evidencia de mayor calado de esta propuesta curricular son las **capacidades.**

Objetivos generales de etapa y de área redactados en términos de capacidades, susceptibles de ser graduados y adaptados, no directamente evaluables. Este principio conlleva un cambio sustantivo en la evaluación (al menos, como propuesta): pasar de una evaluación normativa y cuantitativa a una evaluación criterial y formativa. Evaluar según criterio y no según norma es la base de una educación respetuosa con la diversidad y una escuela comprensiva.

Se deben establecer objetivos en términos de capacidades, y estas de cinco tipos, modelo propuesto por César Coll (1986): cognitivas, motoras, de equilibrio personal, de relación interpersonal y de integración social.

T. Mauri (1991, p. 32) lo aclaró, al definir «capacidad» como «el poder o potencialidad que uno tiene en un momento dado para llevar a cabo una actividad, entendida esta en sentido amplio: pensar, controlar un proceso, moverse, relacionarse con otros, actuar de modo autónomo...».

Y llegaron las competencias. Aparece el término **«competencia»,** siguiendo las directrices de organismos internacionales.

La Red Europea de Información sobre Educación (Eurydice) definió, en el año 2003, las competencias básicas como el conjunto de conocimientos, destrezas y actitudes que cualquier individuo debe aprender para poder vivir de forma plena en la sociedad.

Realizado un análisis de contenido de gran cantidad de bibliografía publicada en las primeras décadas del siglo xx, y desde una perspectiva crítica y con la intención de no «confundir» capacidad con competencia, quiero **definir «competencia» como una habilidad y/o estrategia técnica, con carácter ejecutable, resultado de la combinación de una o varias dimensiones de la persona (capacidades), cuya consecuencia es la respuesta a una situación problemática planteada, y contextualizada.**

En los primeros momentos de intentar implementar sistemas competenciales, aparecen diferentes modelos teórico-prácticos, con los que se intenta dar cobertura y respuesta sobre cómo poder hacer efectivas las competencias en el aula; muchos de estos modelos con la necesidad de dar respuestas tempranas, que los ayudarían a quedarse con «el mercado» de un modelo nuevo. Esta situación lleva a convertir las competencias en indicadores de logro asociados a contenidos que «ayudan», en apariencia, al profesorado a poder implementar un nuevo elemento curricular (competencia) que, teóricamente, no está asociado directamente ni a objetivos ni a asignaturas.

En el proceso de diseño, se acaban asociando objetivos, criterios de evaluación, estándares y contenidos..., hasta llegar a los mapas de desempeño...

Según J. Casassus (1997), los estándares son construcciones (constructos teóricos) de referencia, que nos son útiles para llevar adelante acciones en un ámbito determinado, elaborados y acordados por personas con autoridad. Son informaciones sistematizadas y disponibles, en las que se describe lo que debería pasar en el futuro.

Para ello, los estándares se describen como observables, medibles y evaluables, además de posibilitar la graduación del rendimiento o logro alcanzado por el alumnado; todo ello para «contribuir y facilitar el diseño de pruebas estandarizadas y comparables».

Con el ánimo de facilitar el trabajo del profesorado, se ha dado la vuelta a las intenciones y nos encontramos en la nueva escuela prusiana en el siglo xxi, que no ha superado la máquina de la escuela perfilada por Tonucci en 1970 y vigente en nuestros días:

> No se puede construir un sistema educativo cabal y potente con los resultados numéricos como eje; la calidad reside en el proceso, no en el producto (R. Gerver).

De la inconformidad con un modelo retrógrado diseñado con buenas intenciones, pero nefasto para nuestra infancia; durante la celebración de un congreso sobre competencias educativas, surge el modelo **Educar con 3 Ces:** capacidades, competencias y corazón.

Se pretende integrar los tres conceptos desde su significado real, dando cobertura al principio de **autonomía pedagógica.**

Cuando, en este proyecto **Educar con 3 Ces**, hablamos de capacidades, hablamos de potencial, de esa parte que aportan nuestros genes que nos determina, en cierta medida (siempre dependiendo de lo que lo social y la educación hacen), en lo que somos buenos, mediocres o brillantes, lo que nos gusta más...: «nuestro elemento» (K. Robinson).

Es este modelo educativo, **Educar con 3 Ces**, para hablar de capacidades y siempre pensando en la escuela, en el que nos apoyamos en el modelo de múltiples (H. Gardner), siempre como referencia de diversidad de fortalezas y no como concepto de inteligencia. Nos apoyamos en las propuestas explicativas llegadas desde el campo de la neurociencia, siempre teniendo en cuenta que, desde esta disciplina, se nos explica por qué pasan las cosas y no cómo hacerlo.

Considerar la infancia como la gran etapa del desarrollo de capacidades es lo más valioso que tiene entre manos el sistema educativo.

Hablamos de inteligencias múltiples, de Gardner, de neurociencia, de la diferencia como proceso y como complemento de un enfoque del desarrollo que va mucho más allá de las disciplinas, áreas o materias y que deja atrás momentos de desarrollo únicos y preestablecidos. Y, como veremos enseguida, estas capacidades nos llevan a las competencias, que requieren «aprender a» y no «acerca de».

Las capacidades se gradúan, las competencias no, pues las convertiríamos en conductas. Las competencias se contextualizan y personalizan; ni siquiera los criterios de evaluación pueden ser una excusa para convertir las competencias en conductas evaluables; con esto, perderíamos la gran conquista social de la escuela en los últimos años.

Las competencias «no se estudian»; no son objeto de «examen»; no pueden estar completas en un formato de «libro de texto». La adquisición de las competencias depende de la METODOLOGÍA, de las tareas, de las actividades, de los contextos pedagógicos en las que estas se enmarcan. Su relación con el resto de los elementos curriculares (objetivos, contenidos y criterios evaluación) es importante, pero no determinante. El grado de desarrollo de una competencia no lo marca el nivel en el que el niño o la niña está escclarizado; lo marca el niño, su espectro intelectual y sus experiencias previas en el resto de los contextos en los que vive (no solo la escuela).

La c ave del trabajo por competencias está en la elección de las tareas, en la implicación y la responsabilidad del docente, en sus potenciales, en sus gustos, en su afán de superación y en sus propias «competencias docentes», nunca relacionadas con los contenidos que se trabajan.

La clave de un trabajo en la escuela reside en que se respete la individualidad de cada persona (sus potencialidades-capacidades) y se eduque haciendo (competencias); se diseñan SITUACIONES DE APRENDIZAJE, frente a situaciones de enseñanza.

Todo lo escrito sobre estas líneas no tiene sentido sin CORAZÓN. Se ha de incluir la competencia emocional en los currículos escolares de forma explícita y coherente con el quehacer metodológico.

El enfoque propuesto en esta capacidad y competencia (emocional) es una propuesta ecléctica, donde se recopilan las aportaciones del modelo cognitivo emocional y las investigaciones actuales de la neurociencia aplicada al aprendizaje. Se trata de la propuesta de educación afectiva y del afecto.

En el modelo **Educar con 3 Ces**, se incluye un proyecto de EDUCACIÓN EMOCIONAL Y EDUCACIÓN EMOCIONANTE (educación del afecto y educación afectiva).

En el modelo, se propone la implementación de cambios y la innovación por transformación, por infusión (Swartz et al., 2008), lo que significa que no se trata de sumar más, sino de transformar, de hacer de otra manera, para obtener mejores resultados. con menos «coste-esfuerzo», haciendo que la vivencia del proceso se desarrolle en plataformas de aprendizaje placentero.

En el modelo, no encajan estándares a nivel; se proponen los grupos heterogéneos, donde se eduque desde las fortalezas y se entrenen las habilidades necesarias para vivir en el siglo xxi, ajustándose a cada realidad.

Por ahora, en educación, está ganando la batalla el mundo burocrático donde, a través de la ingeniería de la programación y la evaluación objetiva, se intenta demostrar, «con estadística y estudios», que es el camino correcto... No lo creo.

Desde el optimismo, espero que en las aulas triunfe el sentido común, el buen hacer docente, y siempre desde el respeto a la norma. Tengamos en cuenta los principios de inclusión, igualdad y autonomía pedagógica, que también son norma.

La etapa de nuestro sistema en la que mejor se trabaja por competencias es la educación infantil, y quizá esto sea por la relatividad que en ella sucede en lo referente a la evaluación «cuantificada y objetiva»; quizá podríamos mirar desde todas las etapas mucho más allá, empezando por proponer un cambio radical en la formación inicial del profesorado.

El modelo **Educar con 3 Ces** incluye una forma de programar, un rol de autonomía y autoridad al pensamiento divergente, tanto de profesorado como de alumnado del siglo xxi. Se trabaja en competencias, se respetan las capacidades, se parte de ellas y se integra la emoción desde una perspectiva profesional, porque «los niños tienen que jugar más con herramientas y juegos, dibujar y construir; tienen que sentir más emociones y no tantas preocupaciones por problemas de su tiempo» (William Penn).

2

LA HOJA DE RUTA

La «hoja de ruta» de un proyecto es una descripción general, de forma descriptiva y gráfica, de alto nivel de los propósitos que conseguir y de los pasos intermedios a los que llegar del proyecto presentada (la hoja de ruta) en un cronograma (estructura de tiempos).

Se trata de una herramienta de gestión de proyectos útil para gestionar expectativas de las personas que participan y de los destinatarios del proyecto, así como para comunicar planes y coordinar recursos con otros equipos.

En el diccionario académico, solo se define «hoja de ruta» como «documento en el que constan las instrucciones e incidencias de un viaje o transporte de personas o mercancías». Por la evolución y la utilización de la expresión en otros contextos, podemos entenderla como «documento en el que se presenta, paso a paso, cómo debe hacerse un proyecto o cómo debe aplicarse una medida».

Esto se recopila a continuación: los diferentes apartados (cimientos) que deben marcar el planteamiento de transformación de un centro. Todo empieza en la columna de la izquierda y se trata de avanzar hacia la columna de la derecha.

Cada centro educativo, cada comunidad, tendrá su propia realidad y, por tanto, su propia hoja de ruta. Cada centro diseñará su evolución por línea de puntos de su forma y con sus recursos y necesidades.

DISCIPLINA..INTER.................TRANSDICIPLINAR

UNIDOCENCIA................................CODOCENCIA.........DOCENCIA EN EQUIPO

GRUPOS DE AULA.........FLEXIBILIDAD EN AGRUPAMIENTOS Y HETEROGENEIDAD
CALIFICACIÓN....................................EVALUACIÓN..............AUTOEVALUACIÓN

CONTROL..CONFIANZA

RIGIDEZ..FLEXIBILIDAD

HETERONOMÍA PEDAGÓGICA.........................AUTONOMÍA PEDAGÓGICA

PENSAMIENTO LINEAL..PENSAMIENTO COMPLEJO

DISTRIBUCIÓN DE CONTENIDOS.........GENERACIÓN DE CONTENIDOS

ESTANDARIZACIÓN...............INDIVIDUALIZACIÓN.........PERSONALIZACIÓN

PLANIFICACIÓN DE LA ENSEÑANZA.........PLANIFICACIÓN DEL APRENDIZAJE

ESCUELA EXCLUYENTE......INTEGRACIÓN......INCLUSIÓN......ESCUELA EXCLUSIVA

El orden propuesto en el desarrollo de estos caminos de la hoja de ruta no se presenta por orden de prioridad ni de importancia.

Entre ellos, se mantiene una relación sistémica (relaciones sinérgicas y recursivas), por lo que podemos empezar por cualquiera y el resto se verá afectado.

Los puntos suspensivos entre las palabras tienen un gran significado. No se pasa de un lugar a otro sin hacer el camino pasito a pasito. Se trata de una evolución única de cada realidad y cada contexto.

La tortuga puede hablar más del camino que la liebre.
(Y. Ybrán)

Disciplina......Inter......Transdiciplinar

Cuando el niño destroza su juguete,
parece que anda buscándole el alma
(Victor Hugo)

Nunca buscaremos el alma de un juguete desde una disciplina.

Hubo un momento de la historia de la escuela, de la humanidad y de la educación en que la mejor manera de organizar los saberes era con las disciplinas. Estas disciplinas se constituyeron como la principal fuente del currículo: las ciencias, las letras, las matemáticas, la lingüística, la literatura, la biología o la filosofía; la historia, la química o la geografía. Poco a poco, se construyó un currículo lleno de información; en muchas ocasiones, con más criterio en los intereses de las partes que en lo adecuado para la infancia.

Con el paso del tiempo, en la historia de la escuela, se intentó adecuar la estructura epistemológica de las disciplinas a lo que, en la psicología de la educación, se iba dictando en cada momento (hablamos del siglo xx).

La escuela se ordenó como las bibliotecas, por especialidades y por temas. Era una forma de ordenar el conocimiento y la información.

Con el inicio del siglo xxi, nos llegaron los grandes buscadores en internet.

La información ahora no se guarda en las bibliotecas; no lo hace por disciplinas y no lo hace por temas. La conectividad multilineal de los temas nos lleva a pensar en otros criterios a la hora de ordenar la información y el conocimiento; similar, por otra parte, a como «ordena y guarda» la información nuestro cerebro y cómo lo convierte en sabiduría. No se debe perder de vista que conocimiento no es comprensión.

Los procesos de cambio deben generase de forma gradual.

El ser humano (*sapiens sapiens*) se ha basado en la razón. Ha intentado legitimar su capacidad de conocer y dominar la naturaleza separando el conocimiento del sujeto que lo produce; de esta forma, intenta «ordenar» el mundo y conocerlo por partes: disciplinas separadas, cada una con sus propios métodos y su propio lenguaje.

En este nuevo siglo, hemos aprendido que diferentes miradas sobre una misma circunstancia enriquecen y no enfrentan. Esto ha supuesto un gran avance, una búsqueda de integración. Aquí aparecen las propuestas que rompen los límites de las disciplinas, aunque sea de forma parcial y cerca de aquellas que comparten lenguajes y métodos.

De este modo, se empiezan los trabajos interdisciplinares y multidisciplinares.

La interdisciplinariedad es una forma de organizar contenidos y saberes transfiriendo métodos de unas disciplinas a otras. De este modo, aparecen las nuevas disciplinas, con evolución y transferencias de método.

En el ámbito de la educación formal, esto se ha traducido en propuestas interdisciplinares para el estudio de determinados temas.

Se trata de enfocarse en un tema y estudiarlo desde las diferentes disciplinas de forma relacionada en contenido y en método.

Por otra parte, la multidisciplinariedad no altera los campos de estudio ni las miradas, tampoco los métodos de trabajo o investigación. Lo que se hace es estudiar, analizar, interpretar... una realidad desde diferentes disciplinas, sin necesidad de relacionar estas entre ellas.

Esta propuesta produce impacto y mejoras en los sistemas y es una forma de provocar la permeabilidad en los límites de las disciplinas.

La propuesta es hacer que el proceso de innovación nos lleve por un camino gradual y progresivo, hasta llegar a la transdisciplinariedad en la escolarización obligatoria.

El significado de «trans» («al otro lado de» o «a través de») se aplica a la estructura curricular de la escuela.

Consiste en trascender a las disciplinas de forma radical; tomar conciencia de lo que está entre las disciplinas, lo que las atraviesa y lo que va más allá de ellas. Se trata de ordenar de otra forma a la conocida; representa la aspiración a un conocimiento lo más completo posible y capaz de dialogar con la complejidad y diversidad del ser humano y sus saberes, los cambios y los avances de la tecnología y la inteligencia artificial.

En cierta medida, es una actitud, a la vez que un planteamiento en el que la clave se encuentra en saber preguntar y no en saber responder: aspirar a un conocimiento relacional, complejo, que no se presenta como «verdad» absoluta ni «terminada» y que aspira al diálogo y la revisión permanentes.

Aunque pueda parecer un planteamiento del siglo XXI, y derivado del nuevo orden del conocimiento marcada por la tecnología y la globalización de la comunicación, esta propuesta trans la podemos encontrar en propuestas como las de Paulo Freire o Edgar Morin.

> *Se han adquirido muchos conocimientos sobre el mundo físico, biológico, psicológico, sociológico; han predominado los métodos de verificación empírica en la ciencia; en nombre de la razón, se creyó enterrar mitos y tinieblas y, sin embargo, el error, la ignorancia, la ceguera progresan por todas partes al mismo tiempo que los conocimientos. La inteligencia ciega, los errores, la ignorancia no reconocen ni aprehenden la complejidad de lo real, pues organizan el conocimiento de modo parcial; por ello, se necesita un pensamiento complejo.*
>
> (Edgar Morin)

Es E. Morin quien asocia el pensamiento complejo (propio y único del ser humano) con la transdiciplinariedad.

> *Se trata de afrontar la dificultad de pensar y de vivir.*
>
> (Edgar Morin)

Unidocencia......Codocencia......Docencia en equipo

Nada del punto anterior se puede entender si visualizamos un profe solo con un grupo de alumnado.

Hablar de docencia en equipo y/o codocencia no es imaginar a un profesor titular en un aula y otro de apoyo que ayuda al alumnado que no llega.

Docencia compartida, docencia en equipo, desde diferentes miradas, diferentes mochilas de recursos y diferentes formaciones iniciales: desde lugares de interés diferentes para preguntar y preguntarse desde la complementariedad.

Yo sola sé muy poco.

Cuando nos juntamos varias, y cada una juntamos nuestro poco, tenemos mucho más.

Para trabajar en un aula, en un espacio de aprendizaje de forma compartida, es necesario aprender a hacerlo, formarse; estudiar de otra forma será imposible hacerlo, ni siquiera mal.

Para trabajar solo como individuo único en un aula, sería necesario también formarse, prepararse, estudiar... y muchos lo hacen, pero, si no lo hacemos, podemos repetir los patrones que utilizaron con nosotros cuando éramos estudiantes y la clase será dada, no se sabe si bien o mal (cuestión de suerte), pero el sistema seguirá rodando.

Mezclemos al profesorado. Abramos las puertas de los centros.

Pensamiento lineal......Pensamiento complejo

El nombre de «pensamiento lineal» fue acuñado por E. de Bono, para distinguirlo del «pensamiento lateral», eje de trabajo fundamental en legado.

El pensamiento lineal se basa en la lógica (semejante a las disciplinas), una lógica secuencial y progresiva. En él, el análisis y el razonamiento son los principales procedimientos de construcción. También se denomina «pensamiento vertical». Los problemas se abordan de forma secuencial, analítica, selectiva y apoyándose en datos y hechos comprobables. Se considera seguro, correcto y confiable.

Por este motivo, es el asumido por la escuela desde el principio de su tiempo: la aparente objetividad como garantía de calidad.

El concepto de «pensamiento complejo» fue acuñado por E. Morin y, al profundizar en su estudio, pude observar cómo este es el marco teórico que necesita, a la vez, que se refuerce **Educar con 3 Ces**.

El pensamiento complejo hace referencia a la capacidad (posible habilidad) del ser humano de conectar diferentes dimensiones de la realidad.

Como se explicó en el punto anterior, hasta el siglo pasado, la realidad podía explicarse desde las disciplinas y entenderla como tal;

hoy, que la realidad se ha complicado a la vez que la humanidad ha progresado y evolucionado, parece que no es explicable como ayer.

La sociedad actual, compleja y cambiante, necesita seres humanos que no piensen en reducir lo pensado a lo vivido ni a lo creído. Se necesitan opiniones bien fundamentadas, reflexionadas y que incorporen muy diferentes perspectivas; no olvidemos que la información es infinita, al alcance de todos y globalizada. Pensar así es lo que Morin denomina «pensamiento complejo».

Este pensamiento necesita ser entrenado; la escuela debe asumir el reto.

En el pensamiento complejo, no se rechaza el pensamiento lineal: lo incorpora, pero no de forma única ni excluyente.

Pensamiento paralelo o lateral. Pensamiento crítico y creativo. Pensamiento complejo.

Escuchar, cambiar la mirada, buscar otras opciones, explorar, cambiar de idea. Crear.

Es E. Morin quien habla de forma contundente de siete saberes para la educación del futuro; una educación encaminada a la reflexión y el pensamiento crítico para hacer del alumnado personas competentes en la era de información, la comunicación y la inteligencia artificial.

Estos siete saberes propuestos por E. Morin en 1999 fueron publicados por la Organización de las Naciones Unidas para la Educación, la Ciencia y la Cultura. De acuerdo con este filósofo, toda sociedad, independientemente de su cultura, debería tratar de fomentar estos saberes en su población.

1. CURAR LA CEGUERA DEL CONOCIMIENTO

Todo conocimiento lleva consigo un riesgo de error, que puede ser mayor o menor. Al igual que siempre ha sucedido con la ciencia, hay datos que, en un momento histórico, son tomados como una verdad y, después de investigarse de nuevo, se refutan.

El conocimiento es algo que evoluciona y, por tanto, puede ser muy relativo y frágil. Por ello, se debe enseñar a los alumnos que lo que están aprendiendo es algo que puede aceptar cambios con el paso del tiempo, y que no son verdades absolutas.

Así pues, se debe ser crítico con el propio conocimiento. Se trata de una actitud. Las actitudes se construyen.

2. GARANTIZAR EL CONOCIMIENTO PERTINENTE

No todo es información valiosa (sobre todo, en la era de la tecnología infinita e ilimitada).

Es necesario saber seleccionar concienzudamente el bombardeo de datos e información que recibimos.

La inteligencia general se fundamenta en los conocimientos que son aceptados por la población, y también por la crítica que se les hace.

3. ENSEÑAR LA CONDICIÓN HUMANA

La especie humana está dividida en grupos étnicos, religiones, lenguas, países, naciones... Por ello, es muy importante entender que, aunque haya diferencias, todas las personas forman parte de la misma humanidad.

Se debe saber apreciar la diversidad cultural y no pretender homogeneizar a la humanidad, pero también comprender que todos tienen los mismos derechos y obligaciones.

4. ENSEÑAR LA IDENTIDAD TERRENAL

La identidad nos une como ciudadanos de la Tierra y, por tanto, miembros de una megacultura terrenal, más allá de territorios, colores, religiones, ideologías o costumbres.

5. AFRONTAR LAS INCERTIDUMBRES

Ser capaz de emocionarse con la imaginación hace que el ser humano viva en incertidumbre. Esto no es bueno ni malo; solo necesitamos aprender a gestionarlo.

Como en la propia evolución de la humanidad (no ha sucedido en línea recta), en el conocimiento tampoco. Nuestras nuevas generaciones deben entrenarlo.

6. ENSEÑAR LA COMPRENSIÓN

Información no es conocimiento. Conocimiento no es comprensión.

7. LA ÉTICA DEL GÉNERO HUMANO

La ética y la moral van más allá de lo individual.

Vivir en sociedades democráticas no es viable si esta dimensión del saber no es tenida en cuenta como prioridad.

La democracia no se puede considerar como la dictadura de la mayoría. Debe ser una forma de gobierno, en la que se escucha y respeta.

La calidad con la que desarrollemos nuestro pensamiento definirá la calidad de nuestro aprendizaje.

El aprendizaje basado en el pensamiento debe estar integrado en el contexto curricular de las diferentes situaciones de aprendizaje, no de una forma parcelada ni sumativa: sí infusionada.

Cada centro debe reflexionar en qué lugar del camino se encuentra y cuál debe ser su estrategia para evolucionar en el camino elegido. Resulta importante tener muy claro que el inicio siempre estará en el entrenamiento del pensamiento del profesorado; después, pasaremos al alumnado.

Distribución de contenidos......
Generación de contenidos

Apostar por un camino hacia la transdisciplinariedad y el pensamiento complejo tiene como consecuencia que las planificaciones y programaciones de los centros educativos no se limiten «al reparto» de contenidos en cada uno de los niveles, sino al diseño de situaciones de aprendizaje que permitan generar contenidos (saberes) desde otros criterios organizativos que los puramente disciplinares.

Durante las últimas décadas, en la bibliografía pedagógica sobre programación, se nos han planteado mil formas de seleccionar contenidos, de secuenciarlos, de ordenarlos, de repartirlos..., pero, si realmente pensamos en el protagonismo de aprender frente a enseñar, del alumnado como agente activo del proceso, es necesario evolucionar hacia la creación de contenidos y no el simple reparto.

Se trata, por tanto, de diseñar situaciones de aprendizaje y hacerlo desde un enfoque de personalización.

Hasta hace poco, a las personas muy activas en entornos digitales y redes sociales se las llamaba *influencers* (personas con capacidad para influir sobre otras); ahora, dada la condición peyorativa del término, se habla de «creadores de contenidos» (personas que producen material informativo, educativo o de entretenimiento destinado a ser compartido a través de diversos medios y plataformas, especialmente en el entorno digital)... Curioso, ¿no?

Se trata, en la escuela, de «crear» contenido, no porque nos lo inventemos (sobre todo, lo que ya está inventado), sino porque organicemos en función de las preguntas planteadas y las necesidades que, en cada caso, se construyan en función del hilo conductor y el discurso del propio procedimiento de aprendizaje.

Las disciplinas ya tienen estructurados los contenidos. Esto es una gran fuente para el conocimiento y para la ciencia que evoluciona. Las personas, el alumnado de educación obligatoria, desde un enfoque crítico y reflexivo, utilizan la información, en ocasiones, para ordenarla de otra manera y hacer de ella sabiduría contextualizada que resuelve problemas.

Esto no sucede si no se provoca, se seduce para ello, se asumen riesgos y se hace realmente protagonista a cada cual de su aprendizaje.

Este enfoque incluye, por supuesto, la estrategia y el itinerario en la formación permanente del profesorado.

Control......Confianza

La escuela está pensada para compensar lo que no se da de forma natural. En una escuela prusiana, mecanicista, se apuesta por el control de los procedimientos y de las personas, de tal forma que los resultados deseados estén dentro de la norma.

Educar es un acto de amor. El amor sin confianza no es posible.

Por «control» se entiende comprobación, inspección, fiscalización, intervención. Sería sinónimo de dominio, mando, preponderancia.

Educar es dejar, permitir el crecimiento, potenciar la autonomía.

FRATO '19

"La importancia del verbo DEJAR"

Se ha de dejar que cada persona pueda construir su camino soltanco la mano de quien lo sujeta poco a poco, con la suficiente seguridad para hacer de los errores y oportunidad de aprendizaje, hacer de los límites estructuras de prudencia para avanzar y poder superarlos.

No se trata de garantizar el éxito en cada situación de aprendizaje y sí de proporcionar estructuras de crecimiento y evolución. Para esto, el referente construirá los procesos desde un vínculo afectivo seguro entre referente y referido y un contexto social seguro.

Consecuencia de esta premisa desde 3 Ces, se propone que el alumnado permanezca el máximo de tiempo posible durante su escolarización con el mismo grupo de referencia y con el mismo tutor o tutora.

RAZONES DE PERMANENCIA EN LOS GRUPOS

Se ha de apostar por una educación y una escuela donde los niños y las niñas son lo más importante y, por tanto, cualquier decisión debe pasar por esa premisa.

Hay multitud de colegios que cambian a su alumnado y mezclan a los grupos de manera sistemática. No dudamos que tengan sus razones, pero entendemos que la permanencia del mismo grupo desde infantil hasta el final de su escolarización en el centro es mucho más que positiva.

Todos los grupos tienen una serie de características que cumplen para poder considerarlos «grupos»: la existencia de afinidad e interacción, el cumplimiento de una serie de normas, la interacción, el compartir unas tareas comunes que los llevan a objetivos comunes y, cómo no, una organización interna, esto es, un conjunto de roles o funciones dentro del grupo.

De por sí, la palabra «equipo» implica la inclusión de más de una persona, lo que significa que el objetivo planteado no puede ser logrado sin la ayuda de todos sus miembros, sin excepción. Es como un juego de fútbol: todos los miembros del equipo deben colaborar y estar en la misma sintonía para poder ganar. El futbolista no debe jugar por sí solo; debe tener en cuenta el hecho de que forma parte de un equipo. Podemos decir lo mismo cuando se trata de un deporte aparentemente individual. Rafa Nadal no podría ganar ningún campeonato si no tuviese un equipo.

Trabajar en equipo implica compromiso; no es solo la estrategia, sino también el procedimiento que se lleva a cabo para alcanzar metas comunes. También es necesario que exista liderazgo, armonía, responsabilidad, creatividad, voluntad, organización y cooperación entre cada uno de los miembros. Y todo esto requiere de tiempo.

La permanencia del grupo provoca o mejora:

1. Seguridad: el alumnado puede sentirse desamparado ante la organización de la escuela, al no contar con un grupo en el cual apoyarse cuando se encuentra con exigencias adultas; esta soledad provoca inseguridad. La interacción y comunicación entre los integrantes del grupo amortigua el efecto de estas exigencias.

2. Confianza: un aspecto esencial de la eficacia de un grupo es desarrollar y mantener la confianza entre los miembros. Cuanta más confianza exista, más eficaz será su forma de trabajar juntos (Deutsch, 1962, 1973; Johnson, 1974). La eficacia del grupo depende de que todos los miembros compartan recursos, ayuden y reciban ayuda, repartan el trabajo y contribuyan a conseguir objetivos mutuos. Estos comportamientos tendrán lugar cuando exista la confianza de que los demás están contribuyendo al progreso del grupo y no utilizando las aportaciones de los otros miembros en beneficio propio y no del grupo. Si el nivel de confianza es alto, los miembros del grupo expresarán sus pensamientos, sus

sentimientos, sus reacciones, sus opiniones, su información y sus ideas más abiertamente. Cuando el nivel de confianza sea bajo, los miembros del grupo serán evasivos, deshonestos y desconsiderados en sus comunicaciones. La confianza es esencial para la creación y el desarrollo de las relaciones entre los miembros de un grupo. Para formar un grupo productivo, los miembros deben crear un clima de confianza que reduzca el miedo a la traición y al rechazo, tanto el propio como el de los otros miembros, y que promueva la esperanza de aceptación, apoyo y confirmación. La confianza no es un rasgo de personalidad estable e inalterable. La confianza es dinámica. Es un aspecto de las relaciones que varía y cambia constantemente. Cualquier acción que realice un miembro aumenta o disminuye el nivel de confianza en el grupo.

3. Habilidades sociales: las habilidades sociales no son un lujo; no son algo que aprender cuando disponemos de tiempo. Son una necesidad en todos los aspectos de la vida. La importancia de las habilidades sociales no se debe sobrestimar (Johnson, 2014; Johnson y Johnson, 2013; Johnson y Johnson, 1989). Las habilidades sociales suponen la conexión entre las personas. Cada vez que alguien habla, juega, interactúa o trabaja con los demás, está ejercitando sus habilidades sociales. Debido a los cambios producidos en la estructura familiar, en el entorno cercano y en la sociedad, muchos alumnos ya no reciben de sus padres o de sus iguales la formación necesaria para interactuar eficazmente con los demás, de ahí que resulte necesario que los centros educativos se involucren en la enseñanza de las habilidades sociales. En general, en las investigaciones del ámbito de las ciencias sociales, se indica que la vida sin un mínimo de habilidades sociales no es una vida de calidad. La incapacidad para relacionarse con los demás lleva a la soledad y al

aislamiento. A su vez, la soledad y el aislamiento pueden dificultar el desarrollo, provocar el fracaso, hacer que la vida parezca no tener sentido, derivar en ansiedad y depresión, producir una obsesión por el pasado, aumentar la fragilidad, incrementar las conductas crueles e incluso acortar la vida.

4. Estima y autoestima: en el contexto escolar, las relaciones sociales que niños y niñas tienen con profesorado y compañeros y compañeras, así como su grado de integración social en el aula, ejercen una poderosa influencia tanto en su interés y motivación por la escuela como en su ajuste personal y social (Cotterell, 1996; Erwin, 1998). En este sentido, se ha constatado que aquel alumnado que percibe un mayor grado de apoyo de sus profesores e iguales manifiesta también una mayor motivación e interés por las actividades escolares, es más proclive al cumplimiento de las normas que regulan el funcionamiento del aula, se implica más activamente en metas prosociales y su autoestima es más positiva (Wentzel, 1998). Asimismo, se ha señalado la relevancia que las relaciones entre iguales tienen en el aprendizaje del niño de actitudes, valores e informaciones respecto del mundo que lo rodea, el logro de una perspectiva cognitiva más amplia, la adquisición y el desarrollo de habilidades sociales y la continuación en el proceso de desarrollo de su identidad. Sin embargo, no solo las relaciones diádicas entre compañeros y compañeras son relevantes para el ajuste personal y social del niño y niña, sino que también su grado de integración en el grupo de iguales tendrá importantes repercusiones en su bienestar y su desarrollo psicosocial, así como la interacción continuada entre los niños y niñas que comparten la actividad escolar en el aula y, específicamente, las conductas que tienen lugar en estas interacciones.

5. Cercanía y atracción: cuando las personas trabajan muy cerca de otros tienen oportunidades para intercambiar

ideas, pensamientos y actitudes acerca de actividades de trabajo y ajenas a él. Tales intercambios fomentan la formación de grupos.

6. Inclusión: cuando un grupo se conoce, se quiere y se respeta, por lo que es y por lo que hace, la diversidad natural existente pasa desapercibida desde el más puro estilo de inclusión. «Una escuela, y un aula, inclusiva es aquella en la cual pueden aprender, juntos, alumnado diferente: así de simple. De todas maneras, si no la matizamos, es una definición vacía de contenido, que en realidad no dice nada... Efectivamente, en todos los centros, y en todas las aulas, hay alumnado diferente y no por eso podemos decir que todos los centros ni todas las aulas son inclusivos. Maticemos, pues, esta definición. Cuando digo alumnado "diferente", quiero decir alumnado diferente, aunque sea "muy diferente"; es decir, me refiero también a alumnado que tenga alguna discapacidad, por grave que sea. Dicho de otra manera, aún más clara si cabe: nos referimos a una escuela que no excluye absolutamente a nadie, porque no hay distintas categorías de alumnos que requieran diferentes categorías de centros. Es suficiente que haya escuelas —sin ningún tipo de adjetivos— que acojan a todo el mundo. La diversidad es un hecho natural; es la normalidad: lo más normal es que seamos diferentes (afortunadamente...). Y, cuando digo "juntos", quiero decir que deben aprender, juntos, alumnado diferente, aunque sea muy diferente, no solo en la misma escuela, sino en una misma aula, tanto alumnado como sea posible, tanto tiempo como sea posible, participando tanto como sea posible en las mismas actividades de enseñanza y aprendizaje comunes», Pere Pujiolas. Todo esto, sir lugar a duda, solo es posible cuando la interdependencia positiva que establece Spencer Kagan es tal que realmente no se perciban esas diferencias y eso solo es posible, con tiempo.

*El talento gana juegos, pero el trabajo en equipo
y la inteligencia gana campeonatos.*

(Michael Jordan)

RAZONES DE PERMANENCIA DE TUTORES Y TUTORAS EL MÁXIMO DE TIEMPO CON EL MISMO GRUPO

El tiempo que un tutor o tutora debe permanecer como referente de un grupo es siempre motivo de controversia. Reconociendo pros y contras del modelo **Educar con 3 Ces**, apuesta por el máximo de tiempo posible el mismo tutor o tutora. Esto es mejor que cambiar continuamente cada curso escolar.

Conocer a nuestro alumnado nos garantiza poder ofrecerle oportunidades, tiempos y propuestas, más allá de los límites y la norma.

Educar es ayudar a las personas a crecer en una sociedad que las acepta y les facilita la adquisición de los medios para desarrollarse adecuadamente. La educación es mucho más que un proceso instructivo y se extiende al conjunto de dimensiones de la persona, procurándole una formación integral.

Los centros educativos ayudarán a desarrollar y potenciar las capacidades, habilidades y posibilidades del alumnado, tratando adecuadamente sus diferencias individuales: las diferencias tratadas como recurso personal y del grupo.

Como acompañamiento integral, como acción tutorial, como acompañamiento que se lleva a cabo en los centros educativos y que tiene por objetivo la orientación personalizada del alumnado para ayudarlo a «encontrar su elemento» para desarrollar sus capacidades, entrenar sus competencias y tener como objetivo su mejor versión en todos los ámbitos de la vida.

Educar es más que instruir. Es orientar el proceso, apoyar y hacerlo de forma adecuada respetando cada realidad (personal y social).

La educación obligatoria debe contribuir a la personalización, a la atención a las diferencias individuales y ofrecer una respuesta educativa adaptada a las capacidades, intereses y motivaciones de los alumnos y alumnas, así como orientarlos adecuadamente en relación con las opciones académicas y profesionales. Esto solo es posible cuando se conoce a las personas más allá de los 10 meses que supone un curso escolar, máxime cuando los estudiantes están sometidos a cambios drásticos en sus procesos de evolución y crecimiento.

El conocimiento sobre una persona no puede redactarse en un informe. Se debe atender a los aspectos del desarrollo, maduración, orientación y aprendizaje del alumnado, considerados individualmente y como grupo.

Aquí es donde el referente (tutor-tutora) dedica tiempo a escuchar, a conocer a su alumnado lo mejor posible en las diferentes facetas que conforman su personalidad; conocer a su familia, su grupo de iguales, su realidad social compleja y su realidad centro del centro educativo, sus relaciones con iguales y con otros docentes.

Aunque se tratará en otros apartados, aquí podemos afirmar que una de las principales piedras angulares del sistema educativo es la evaluación.

El concepto de «piedra angular» o «piedra base» (del griego ἀκρογωνιεῖς y del latín *primarii lapidis*) deriva de la primera piedra en la construcción de una base de una cimentación de albañilería, importante, ya que todas las otras piedras se establecerán en referencia a esta piedra, lo que determina la posición de toda la estructura.

Pues eso, en la construcción de un sistema educativo, la evaluación es una de sus más importantes piedras angulares.

La continuidad de tutores y tutoras con el grupo facilita:

1. Personalizar la educación, favoreciendo el desarrollo de todas las dimensiones de la persona.

2. Ajustar la respuesta educativa a las necesidades del alumnado, mediante las oportunas adaptaciones curriculares y metodológicas, adecuando la escuela a la infancia y no la infancia a la escuela.

3. Hacer de la evaluación un proceso de soporte y evolución en cada caso y cada persona.

4. Priorizar la educación competencial, basada en personas, frente a la educación literal y reproductiva, basada en disciplinas.

5. Favorecer los procesos de madurez personal, de desarrollo de la propia identidad y sistema de valores, y de la progresiva toma de decisiones, a medida que el alumnado ha de ir adoptando opciones en su vida.

6. Prevenir las dificultades de aprendizaje y no solo asistirlas cuando han llegado a producirse, anticipándose a ellas y evitando, en lo posible, situaciones indeseables, como las del abandono, del fracaso y de la inadaptación escolar.

7. Contribuir a la adecuada relación e interacción entre los distintos integrantes de la comunidad educativa (profesorado, alumnado y familias), así como entre la comunidad educativa y el entorno social, asumiendo el papel de la mediación y, si hace falta, de negociación ante los conflictos o problemas que puedan plantearse entre esos distintos agentes educativos.

Hoy sabemos que el vínculo que se establece entre referentes y referidos es determinante en los procesos educativos y de aprendizaje. El establecimiento de un vínculo afectivo sano es cuestión de respeto y tiempo.

Estamos hablando de APEGO SANO EN LA INFANCIA Y LA ADOLESCENCIA.

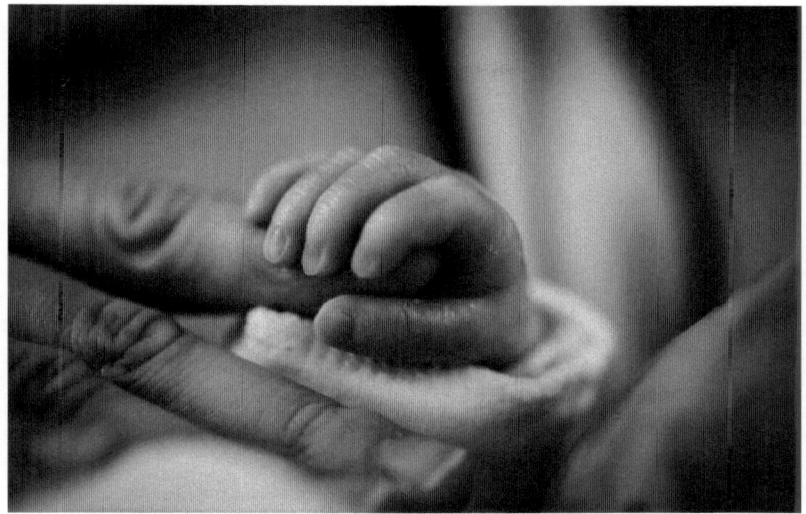

Según Bowlby, la conducta del apego tiene dos funciones básicas: por un lado, la función biológica, la cual asegura la supervivencia y, por otro lado, la psicológica, a través de la cual adquirimos una seguridad.

Este apego, en la primera infancia, es una necesidad biológica; un elemento crítico para la supervivencia y el desarrollo integral del bebé. Explica la naturaleza del vínculo emocional y las relaciones afectivas determinantes para toda la vida de una persona.

Durante la adolescencia, los vínculos se amplían, mientras se construye la identidad de cada persona a través de procesos individualizados de construcción del yo desde la separación de las figuras parentales, la poda neurológica y la ubicación como individuo en el momento y el espacio que le ha tocado.

El vínculo durante la adolescencia fortalece las redes relacionales (en esta etapa elegidas) asentando, poco a poco, el desarrollo de las capacidades personales y de las competencias que se comportan como habilidades para la vida. Se consolidan los pasos para pasar de una moral heterónoma a una moral autónoma, el pensamiento racional y crítico, así como una gestión emocional adecuada para controlar la impulsividad. Las funciones ejecutivas están asentando sus competencias reales.

La permanencia de tutores en los grupos aporta seguridad al alumnado; fortalece las relaciones de confianza y empodera referentes y referidos, aportando conduelo y seguridad ante peligros o amenazas. Los vínculos en el tiempo hacen que las personas se interesen en profundidad por las personas: bucear en las relaciones, frente a surfearlas.

Nuestro alumnado (escolarización obligatoria) necesita referentes a quienes admirar y por los que ser valorados; necesitan compañía incondicional y adultos que aporten contención y límites cuando sea necesario, lo que aporta contextos seguros para el crecimiento en una convivencia sana, límites oportunos y autoridad respetuosa.

Estas necesidades solo pueden ser cubiertas con tiempo suficiente para las relaciones y su crecimiento. Parece que cambiar cada curso de referente no sea oportuno.

Hablar de permanencia de grupos y referentes el máximo de tiempo son solo ejemplos del camino que nos lleva del control a la confianza.

Puertas abiertas a las familias, no para el juicio o la intromisión, sí para la colaboración, la participación democrática. Puertas abiertas para el alumnado y la utilización de todos los espacios como espacios de aprendizaje. Puertas abiertas para salir y hacer de la ciudad, de la calle, un lugar habitual de aprendizaje. Puertas abiertas para que la calle entre y para salir a la calle.

La familia confía sus hijos o hijas; confía en la escuela. La escuela confía en la familia y cada uno de los niños y niñas. Niños y niñas confían en sus referentes.

La confianza ubicada en la admiración y el respeto, no en el control y la fiscalización.

Del control a la confianza, cuando se habla de autonomía pedagógica de los centros. La normativa no para «controlar», sí para garantizar derechos. Cada centro define su proyecto educativo (misión, visión y valores) desde la profesionalidad de los equipos directivos. Confianza en la verticalidad de las relaciones y en su horizontalidad.

Grupos de aula......Flexibilidad en agrupamientos y heterogeneidad

Yo fui a la escuela con compañeras que habían nacido antes que yo, mis progenitores hicieron lo mismo, mis hijas han hecho lo mismo; ahora son maestras y se hace de la misma manera y parece que seguirá de este modo de forma infinita.

Siempre ha sido así. Siempre se ha hecho de este modo. Debe ser así.

Esto es una creencia.

Las creencias son esquemas cognitivos o ideas en las que «se está» acerca de cómo es y cómo funciona el mundo, y de cómo se debe actuar en él. Elegimos con base en nuestras creencias; en múltiples ocasiones, lo hacemos de forma inconsciente y vemos opciones muy limitadas aunque, en realidad, puedan existir infinitas opciones.

La escuela ordenada por niveles bajo el único criterio de la edad cronológica es una vivencia convertida en creencia que, en múltiples ocasiones, no permite la evolución o la innovación de la propia escuela. Tengamos en cuenta que las convicciones no deben ser confundidas con la verdad absoluta.

En **Educar con 3 Ces**, se apuesta por la construcción de grupos de clase, mezclando diferentes edades: aprender en interacciones reales entre iguales diferentes; pequeñas familias-sociedades en las que aprender en relaciones de todos con todos, rompiendo con la unidireccionalidad docente-discente; autonomía, empatía, colaboración y seguridad; la diferencia como recurso.

Esta opción difumina las necesidades educativas especiales. El foco no se ubica en la secuencia lineal del currículo y sí en las situaciones de aprendizaje que se definen sin indicador de logro específico, dando oportunidad de aprendizaje a todos y todas.

En la propuesta, se recoge a un grupo de referencia estable, con diferentes edades, y la posibilidad de diferentes agrupamientos, según tareas o propuestas concretas de aprendizaje. Esta organización flexible se evidencia cuando tenemos jornadas de talleres de libre elección por el alumnado.

Otro ejemplo de organizaciones flexibles son las tutorías verticales y la implementación del plan de participación (temas que se desarrollan más adelante).

Teniendo en cuenta esto, cada centro encuentra las opciones más adecuadas a su realidad.

Rigidez......Flexibilidad

«Las cosas en la escuela son como son», la gran creencia que nos lleva a no evolucionar.

Como ya se ha dicho, la confianza es una de las claves para hacer de la educación obligatoria una plataforma ideal para aprender a vivir. Pero no podemos olvidar que todo ese exceso suele ser negativo. La confianza también nos presenta un riesgo implícito. Se trata de una fuerza unificadora y vinculante, pero incuba el riesgo de habituarnos y acomodarnos en lugares tóxicos («no se puede hacer de otra manera», «¿para qué cambiar si lo hago de este modo desde siempre», «llevo más de treinta años haciéndolo»...). Quizá es necesario reflexionar en qué y cómo diferenciamos confianza de comodidad y creencia.

En otras ocasiones, nos escondemos detrás de la norma: «Eso no se puede: la normativa te obliga, la norma no te lo permite».

La norma es mucho más flexible que rígida y, cuando en el centro de la diana está el alumnado y no el currículo, la organización o la norma, vamos avanzando de la rigidez a la flexibilidad.

Flexibilidad en los horarios, los tiempos, los espacios, los agrupamientos, los materiales, las programaciones, los criterios...

Hablar de flexibilidad no es hacerlo de dejadez, de falta de programación o de desconocimiento de la norma.

Hablar de flexibilidad es poner a la persona primero, a la infancia antes.

Por este motivo, en **Educar con 3 Ces**, en ocasiones, no se encuentran «recetas» o verdades inamovibles. Se puede trabajar con libro de texto o sin él: depende de la necesidad. Organizar el horario por tareas y situaciones de aprendizaje es una opción, no la única. Organizar los espacios por aulas temáticas está genial y hacerlo por talleres puede ser una buena opción. Permitir que cada grupo de clase tenga su espacio de referencia es buena idea... Hacer del pasillo un lugar para la autonomía y el aprendizaje está muy bien y construir patios inclusivos, naturales y como espacios habituales de aprendizaje, a la vez que de recreo, está entre los objetivos.

Todas las semanas no tienen que ser iguales, ni todos los días lo mismo.

La escuela, como la conocemos, debe ser deconstruida, para volver a construirse con otros criterios.

Cada centro educativo debe ejecutar su autonomía pedagógica según sus recursos y necesidades, sin olvidar que el recurso fundamental de un centro son sus docentes, no por el número y sí por la calidad humana y pedagógica.

Heteronomía pedagógica......Autonomía pedagógica

Garantizar la igualdad de oportunidades, a la vez que la atención a la diversidad, son dos características propias del modelo de «escuela comprensiva», y este modelo propio de un estado de derecho constitucional y democrático.

La escolarización obligatoria es para todos y todas, sin ningún tipo de discriminación, y debe garantizar titulaciones «igual de válidas» en cualquier territorio del país. Por esto, se necesita un currículo básico (garantiza la igualdad), pero, a la vez, se necesita atender la diversidad (personal, de contexto, de capacidades, de cultura, de familias, etc.) y, por esto, ese currículo básico debe ser abierto y flexible. La operativización de conductas asociadas a indicadores de logro (estándares disciplinares y operativos) y edades o niveles cerraría el currículo y generaría graves dificultades para atender a la diversidad.

Encontrar el equilibrio es lo complicado.

Descentralizar el currículo es la estrategia. Los gobiernos centrales delegan competencias en los regionales y los locales, pero ¿cuánto?

Si el proceso de descentralización se gestiona llenando el procedimiento de burocracia y estrategias para hacer política con la educación y no política educativa, lo que era una buena idea se estropea y empeora. La heteronomía pedagógica basada en el control de los poderes se acrecienta. Hay maestros y maestras que sienten que tienen que rendir cuentas a su inspector de cuántas letras y cuáles enseñará a su grupo de clase en un mes concreto.

La burocracia y el afán de control determinan medios y métodos, contenidos y estándares, medias y modas...

En una sociedad líquida (Z. Bauman), donde todos los parámetros lo son, la familia es líquida, las vidas profesionales son líquidas, las modas, el amor o las tendencias..., pretendemos que la infancia y su educación sean sólidas. ¿En serio?

Infancia y adolescencia son líquidas por definición: cambiantes, divergentes, diferentes... La educación institucionalizada que se ocupa de ellas debería serlo.

La autonomía de la pedagogía, primero, de los centros (equipos directivos profesionales y bien preparados, tanto para la gestión como para la pedagogía); después, los equipos y, como pilar fundamental, maestros y maestras a pie de aula. Tonucci dice que los malos maestros son todos iguales y están tristes y que los buenos son todos diferentes y están contentos.

Esta autonomía pedagógica encuentra sus raíces en la formación inicial y su sustento, en la formación permanente. Se sienta sobre la estabilidad de las plantillas y su fortaleza se recoge en el proyecto educativo de cada centro.

La mayor influencia para el progreso estudiantil en el aprendizaje es: tener docentes y dirigentes escolares expertos, inspirados y apasionados que trabajen juntos, para maximizar el efecto que tiene su enseñanza en todos los estudiantes a su cargo. Los dirigentes escolares tienen una función muy importante: aprovechar la experiencia en sus escuelas y liderar transformaciones exitosas (Pearson, 2015).

La autonomía pedagógica siempre mira hacia el niño y la niña.

Podemos y debemos documentar los progresos de los procesos de aprendizaje, más allá de los estándares.

Los procesos y los progresos mejoran si las expectativas son buenas, pero las expectativas las debe marcar el docente y, sobre todo, el niño o niña, en función de sus potencialidades, no desde la norma.

Parece obvio que la gestión debe humanizarse. Si hablamos de humanización, debe ser porque ha sucedido una deshumanización (injusticia y despersonalización).

Quizá la escuela, nuestra escuela, debería ser estudiada y repasada con los ojos de la bioética. Los principios de la bioética en los que se basa la humanización son la autonomía y la justicia, justo lo que necesita nuestra escuela.

La política se encarga de lo macro, de los sistemas, de garantizar la equidad y la universalidad de los derechos y los deberes de las personas, pero no se puede encargar ni ejercer su poder sobre las miradas y las necesidades reales de los niños y de las niñas.

Los gestores, las direcciones generales y los equipos directivos se deben encargar de los espacios y los entornos, de la habitabilidad, la confortabilidad, la salud y la intimidad; de la coordinación entre centros y servicios; de las condiciones laborales de las capacitaciones y la adecuabilidad de competencias a los puestos de cada uno de los y las trabajadores de los centros; de la conciliación, del reconocimiento y de la motivación.

Y es, en lo micro, donde de verdad se establece el vínculo; la posibilidad del aprendizaje, del encuentro. Es aquí donde se evidencia el trato (en todos los sentidos, de profe-alumnado-familia), donde se atiende y escucha a las personas desde un enfoque bio-psico-social. Esto se propone en **Educar con 3 Ces**: un enfoque holístico, un modelo educativo de decisiones compartidas.

La justicia y la autonomía como valores fundamentales de la humanización de los procesos nos exigen la deliberación como proceso fundamental, superando con esto el consenso y el debate, y este proceso nos exige escuchar, pedir permiso, pedir perdón y dar las gracias.

En estos momentos, la digitalización nos invade y, cuanta más digitalización, más vulnerabilidad del sistema, lo que nos lleva a aumentar la burocracia para reducir la vulnerabilidad, para garantizar la fiabilidad, la confidencialidad... Esto nos lleva a tener muchos más datos almacenados de forma estandarizada...

Cada vez en la escuela hay «más diagnósticos y protocolos de necesidades especiales»; sin embargo, cada vez hay menos pronósticos, menos servicios coordinados (mucha burocracia para ello) y menos desarrollos.

De nuevo, se evidencia la necesidad de justicia y autonomía.

Humanicemos la escuela: humanidad en el trato, dignidad. La dignidad en el trato (de todos a todos: profesorado al alumnado, alumnado a profesorado, familias a profesorado, profesorado a familias...) exige ser tratado como uno es. Para Kant, toda persona tiene valor en sí misma, lo que nos lleva del deber moral a la acción humanizadora.

Esta humanización y dignidad en el trato se apoyan en lo legal (Constitución o convenciones internacionales), pero se ve inviable si no se basa en la autonomía.

La autonomía no es una cualidad otorgada; es consustancial al ser humano por el hecho de serlo. Aunque claro, todos y todas somos dignos y vulnerables por el hecho mismo de ser finitos.

La autonomía pedagógica nos acompaña en el reconocimiento de la dignidad, y esto se hace evidente y visible en los espacios configurados en y con valores, en la organización de los tiempos, en la selección de los recursos y en la búsqueda de la excelencia profesional (capacidades, competencias y corazón).

En la escuela, no todo son hechos y evidencias (de esto hay algo, pero no demasiado). La escuela es un reto que precisa de atención integral y humanización, que requiere de estudio y reflexión y que siempre debe estar orientada hacia un modelo centrado en la persona.

Calificación...Evaluación...Autoevaluación

Evaluar es un proceso de reflexión enfocado sobre cualquier procedimiento de forma completa (antes, durante y después), siempre con el objetivo de la mejora.

Evaluar para conocer, conocer para comprender y comprender para mejorar.

Estos procesos no pueden ni deben reducirse a un número.

La escuela mecanicista y normativa, con la intención de objetivar y de «justicia», ideó sistemas de calificación justificados y, en ocasiones, muy sofisticados, con los que se argumenta, de forma muy correcta, la distribución de las personas en la curva normal.

Nos vamos a lo simple: por debajo del 5, suspendemos; por encima, aprobamos, y el sobresaliente para pocos.

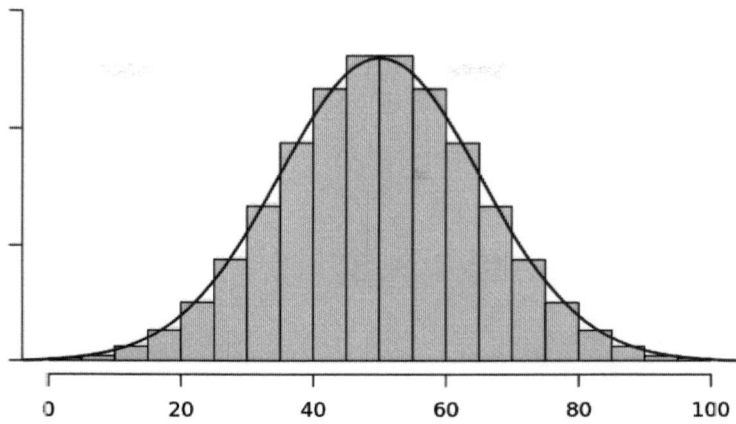

Hablamos de una evaluación normativa, cuantitativa, universal, objetiva; un proceso con el que se pretende «tratar a todo el alumnado por igual».

Para hacer posible esta evaluación, los objetivos de aprendizaje, indicadores de evaluación o indicadores de logro deben ser observables y cuantificables: conductas. Los instrumentos de evaluación conllevan objetividad y posibilidad de ser convertidos en número.

Cuando los objetivos de aprendizaje pasan de ser conductas observables a ser capacidades (no directamente observables), la evaluación debe pasar de normativa a criterial. El referente de evaluación no es la norma (para todo el grupo de clase); el referente es el criterio: criterio-estudiante. Esto nos permite la individualización de la enseñanza y el camino hacia la personalización del aprendizaje.

Cuando hacemos de los criterios estructuras para la norma, estamos confundiendo la intencionalidad de la evaluación criterial.

Aquí, la evaluación pasará a ser cualitativa, narrativa, explicativa y reflexiva y, aunque incluye los mismos momentos que en el caso de la evaluación normativa (inicial, formativa y sumativa), la naturaleza y la intención son diferentes.

La escuela comprensiva solo puede entenderse en una evaluación como proceso, en el que se relativizan las calificaciones.

Hablemos de la evaluación del empoderamiento, inspirada en John Hattie (2015). Los procesos de aprendizaje incluyen el aprendizaje de los procesos de evaluación, para caminar hacia la autoevaluación.

La evaluación de empoderamiento se basa en el uso de conceptos, técnicas y descubrimientos de evaluación para fomentar el progreso. Esta evaluación incrementa la probabilidad de que los programas alcancen los resultados, al aumentar la capacidad de los interesados para planificar, ejecutar y evaluar sus propios programas. Las personas implicadas (profesorado, alumnado y familia) entrenan y aprenden a:

- Pensar de forma evaluativa.
- Tener discusiones y debates ante el impacto de lo que ellos hacen.
- Conocer y usar las herramientas de evaluación en las escuelas.
- Desarrollar una cultura de la mejora y el desarrollo de capacidades evaluativas.
- Desarrollar un marco mental basado en la excelencia, definido de múltiples formas, y para todos y todas.

La evaluación de empoderamiento ayuda a cultivar una cultura de equipo y de comunidad, orgullosa de las intenciones, el trabajo, la dedicación constante y la importancia de todo ello en la sociedad y su progreso, cambio y bienestar.

Estandarización......Individualización...... Personalización

Según la norma, se entiende por «estándares educativos» los criterios claros y públicos, que permiten conocer lo que deben aprender los niños, niñas y jóvenes, y con los que se establece el punto de referencia de lo que están en capacidad de saber y saber hacer, en cada una de las áreas y niveles.

Los estándares definidos de este modo nos llevan a la evaluación normativa y, en ningún caso, permiten la criterial.

De forma estricta, tampoco permitiría la individualización de la enseñanza en cuanto ritmos, ya que todo el mundo debe ir por el mismo sitio y al mismo tiempo. Cuando se flexibilizan los estándares en tiempo, se da opción a la individualización en los ritmos, aunque no en los logros perseguidos y asociados a saberes y contenidos operativizables, conductas observables.

La enseñanza individualizada es la propuesta que permite que cada aprendiz trabaje para la consecución de los objetivos propuestos según su propio ritmo y posibilidades. Por lo tanto, el proceso de enseñanza se diseña teniendo en cuenta las condiciones de aprendizaje del individuo. La idea es que todo el alumnado aprende lo mismo con diferentes niveles y a diferentes ritmos.

La metodología individualizada nace en el seno del conductismo. Fue el propio Skinner quien explicó que era necesario diseñar programas individualizados para el aprendizaje, para cada aprendiz.

A mediados del siglo xx, en Estados Unidos, se desarrolla la enseñanza programada; posteriormente, se desarrolla en Europa. En la actualidad, todo esto se desarrolla a través de programas asistidos por ordenador en todas las posibilidades, sobre todo lo que ahora tenemos entre las manos de formación asistida y en formatos virtuales.

Los procesos de enseñanza individualizada no deben confundirse con el «aprendizaje autónomo» o con conceptos como «aprender a aprender». En estos casos, estamos hablando de modelos de aprendizaje con enseñanza no directiva.

Pasar de educación estandarizada a individualizada significa la posibilidad de romper con los tiempos y permitir los diferentes ritmos. Quizá no sea posible en la escuela obligatoria que tenemos en nuestro imaginario mejorar la educación individualizada que ofrece la formación virtual. El sistema en estudios posobligatorios es perfecto. Se respetan los ritmos, los horarios, los perfiles y las circunstancias de cada momento a la hora de construir itinerarios curriculares personalizados.

Cuando ahora se le pregunta a un estudiante universitario virtual en qué curso está del grado que estudia, la respuesta es «no estoy en un curso: hago créditos de los diferentes cursos, en función de mis gustos, posibilidades, de mis horarios de ese año... Voy a mi ritmo»: individualización.

La «individualización» es una gran conquista. En el modelo 3 Ces, se invita a pasar a la personalización: es el paso siguiente.

La «personalización» de la enseñanza es un concepto amplio y pone a la persona en el centro, no al currículo (individualización). La personalización nos invita a diseñar los procesos de aprendizaje, no de enseñanza. Se tienen presentes las capacidades del alumnado, las preferencias en los lenguajes, los momentos emocionales y de desarrollo, las circunstancias familiares y sociales, los gustos, las preferencias... En definitiva, y como explicó de forma brillante K. Robinson, «su elemento»; aquello que le permite encontrar la plenitud en la experiencia del aprendizaje dentro de la escuela obligatoria.

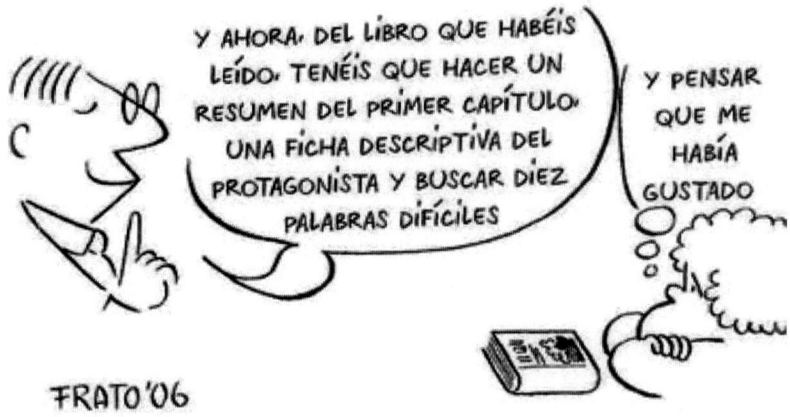

Las habilidades necesarias para sobrevivir (lo mejor posible) en el siglo XXI son las que se han definido como «habilidades blandas» (para mí, un concepto equivocado y con connotaciones peyorativas, que no ayudan a cambiar la mirada). Estas son:

Empatía	Interacción
Trabajo en equipo	Disposición
Orgullo de marca	Buen humor
Capacidad de comunicación	Flexibilidad
Motivación y automotivación	Resiliencia

No creo que estén todas las que son y, aunque son todas las que están, en algunas, sobra «moda» y falta compromiso social, moral y económico.

Pero no pasa nada: la educación obligatoria se encarga de estas y demás, cuando sus docentes las llevan en su mochila personal y las ponen al servicio de la mirada de la infancia, aunque el «sistema» no siempre ayude:

El distraído tropezó con ella.

El violento la usó como proyectil.

El emprendedor construyó con ella.

El caminante cansado la usó como asiento.

Para los niños, fue un juguete.

Drummond hizo poesía con ella.

David mató a Goliat.

Michelangelo extrajo de ella la más bella escultura.

En todos los casos, la diferencia no estaba en la piedra, sino en el hombre.

No existe piedra en tu camino que no puedas aprovechar para tu propio crecimiento.

De las citadas habilidades, se deriva lo que los organismos internacionales, las empresas y las personas que seleccionan y dirigen con visión definen como perfil del trabajador del presente y del futuro:

- Se respeta a sí y al resto.
- Tiene una vida interior rica.
- Sabe escuchar y es comprensivo/a.
- Reconoce los aciertos y aprende de sus errores.
- Es innovador/a, apoyado en una buena autoestima.
- Tiene equilibrio emocional.
- Honesto/a, honrada/o y leal.
- Emprendedor/a y perseverante.
- Puntual y responsable.
- Madura/o.
- Comprometido/a con los clientes.
- Espíritu proactivo.
- Flexible ante los cambios.
- Pensamiento estratégico empresarial.
- Abierto a culturas y valores diversos.
- Positivo y optimista.
- Alienta el trabajo grupal.
- Comunicación fluida.
- Gestiona conflictos.
- Ejerce liderazgo.
- Potencia sinergias.
- Inspira confianza.
- Implicado/a; no se evade.
- Intuitiva/o ante errores.

- Puede rendir bajo presión.
- Usa la tecnología.
- Espíritu de superación y aprendizaje constante.
- Implicada/o en lo interno y lo externo.
- Polifuncional.

Caminar hacia estas metas nos exige, de forma inevitable, un enfoque personalizado de los procesos de aprendizaje y, por tanto, de la enseñanza; idea esta que nos fundamenta la siguiente indicación del camino.

FRATO   La evaluación

Planificación de la enseñanza......
Planificación del aprendizaje

Cuando el poder andaba exclusivamente en el bolsillo de quien tenía la información, y quien tenía la información era la persona que tenía acceso al conocimiento, el maestro de la escuela, que tenía todo esto en no más de tres libros (la *Enciclopedia Álvarez* en España) para toda la escolarización obligatoria, no necesitaba planificar nada: solo abrir el libro por una página y seguir la lección por donde la había dejado el día anterior.

Cuando aparece la idea de que hay demasiada información, la dividimos en asignaturas en la escuela y llega el momento de tener que programar: diseñar objetivos; al principio, asociados a conductas; repartir los tiempos, e ingeniar un sistema de evaluación y calificación «lo más justo» y objetivo posible. Esto nos llevó a repartir contenidos; a elaborar una distribución de contenidos en meses, semanas, lecciones, horarios..., y a asociar estos a unos objetivos generales y específicos, así como a unos objetivos operativos, que fuesen directamente observables y, por tanto, evaluables.

La programación educativa se nombró la reina del baile de la sala de profesorado. En aquel momento, las empresas editoriales salieron al paso de ayudar. Hicieron los libros de texto por asignatura y curso y cada uno de ellos, acompañado del libro del profesor, con la programación hecha y los ejercicios resueltos. Así, aparecieron las unidades didácticas; normalmente, diseñadas para ser resueltas cada quince días.

Cada asignatura contaba con 15 unidades, que se desarrollaban cada 15 días. En ellas, se recopilaba, bien descrito, todo el proceso de cómo enseñar: cuánto explicar cada día, qué ejercicios proponer, qué canciones cantar, qué cuentos contar, qué dibujos pintar, qué dictados hacer, qué imágenes utilizar, qué experimento proponer...

El proceso de enseñanza estaba totalmente planificado.

Se le dieron diferentes nombres, unidades didácticas, centros de interés, temas, talleres, proyectos..., pero, en definitiva, aunque tuvieran diferente naturaleza, e incluso intención y visión de la educación, en todas ellas, se planificaba la enseñanza.

QUÉ MALA SUERTE... SI PUDIERA TENER TODA ESTA NIEVE Y ESTE HIELO EN EL MES DE MAYO, CUANDO SEGÚN EL PROGRAMA TENGO QUE HABLAR DE LOS ESQUIMALES...

FRATO 88

Con el tiempo, la comprensividad curricular, la diversidad social, los conocimientos sobre cómo aprende nuestro cerebro (*sapiens sapiens*), las pedagogías emergentes que nacen en los siglos XIX y XX, y que nos llegan a la escuela del XXI..., nos vamos dando cuenta de que lo importante no es lo que yo enseño y sí lo que el niño aprende. Nos damos cuenta de que ninguno aprende igual a otro y que no solo va de ritmo, como ya se ha comentado... Entonces, a finales del primer cuarto del siglo XXI, empezamos a cambiar la mirada y a crear la necesidad de programar el aprendizaje, y no la enseñanza.

En ese momento, se empieza a hablar, y no me atrevo a decir que aún se haya entendido, de la planificación en situaciones de aprendizaje.

Situaciones de aprendizaje: situaciones y actividades que implican el despliegue por parte del alumnado de actuaciones asociadas a competencias clave y competencias específicas y que contribuyen a su adquisición y desarrollo.

Las situaciones de aprendizaje son la planificación de un conjunto de actividades secuenciadas alrededor de un «problema», al que el alumnado debe dar respuesta, preguntarse, ampliar cultura y horizontes. Plantea desafíos ante los cuales el alumnado moviliza y articula saberes, recursos y destrezas.

Suponen el desarrollo de una metodología didáctica, con la que se reconozca al alumnado como agente de su propio aprendizaje.

Las situaciones de aprendizaje deben estar bien contextualizadas y ser respetuosas con las experiencias del alumnado y sus diferentes formas de comprender la realidad.

FRATO 84

Escuela excluyente......Integración...... Inclusión......Escuela exclusiva

La máquina de la escuela

En los países y en los momentos históricos en los que el analfabetismo funcional reinaba en la mayoría de la población, conseguir que muchos (por supuesto, no todos) adquirieran el acceso básico a la cultura, la lectura y la escritura y las reglas básicas del cálculo y la matemática era un gran logro. Esa escuela era excluyente, propuesta para todos y pensada para pocos; se entendía que para los «mejores», los «más dotados intelectualmente», quienes desarrollarían profesiones de responsabilidad... y esto no era para todos. Estuvo bien como inicio y, lógicamente, era una escuela excluyente, donde las debilidades, deficiencias, necesidades especiales, minorías étnicas, etc., no tenían cabida.

Con la universalización de principios como la normalización, la sectorización y la integración, la escuela obligatoria intentó dar el paso y, con gran lentitud, lo dio, al menos físico. Las personas diferentes entraban por la puerta de la escuela ordinaria. Sin saber bien qué hacer con ellos, había llegado la integración.

«Conseguido» este paso, llamó a la puerta la inclusión. La escuela obligatoria abrió la puerta, pero, en la mayoría de los casos, no la entendemos y no sabemos cómo atenderla. La respuesta está en los párrafos anteriores porque, como dije al principio, esto no es una suma de partes: es una interacción entre todas (sinergia y recursividad). No es posible una escuela inclusiva con todas las diferencias, si no se planifica el aprendizaje frente a la enseñanza y se hace desde la personalización, evaluando sin calificar...

Pues, cuidado, se está acercando a nuestra puerta la escuela exclusiva, la mejor posible escuela para cada niño y para cada niña.

3

FUNDAMENTANDO EL PROYECTO

Por un lado, están las investigaciones que, desde la psicología, la pedagogía y diferentes campos de la medicina, la neurociencia y las ciencias de la salud, aportan un mayor conocimiento del desarrollo físico, cognitivo, social, emocional y afectivo de la infancia y la adolescencia; por otro lado, las investigaciones donde se hace referencia al proceso de desarrollo-aprendizaje en sí mismo y de las que se derivan las técnicas que seguir y las acciones educativas que propician, respetando cómo se aprende mejor y cómo intervenir mejor. En la actualidad, la neurociencia lo sazona casi todo y nos hace preguntarnos por todo; da tantas respuestas que todo se convierte en pregunta, en cuestión, en interrogante, en invitación a la investigación y al cambio.

Cada congreso, cada encuentro, cada conferencia me sorprende con realidades y propuestas que me gustan, sobre todo cuando se piensa con ojos de niño y niña, y esto me lleva a no entrar en una «guerra metodológica» de verdades contra verdades y «demostraciones científicas», que tienen como objetivo «derrocar» otra «verdad». Es absurdo... Me gustaría apostar por el encuentro y la suma; por la posibilidad de encontrar acuerdos que, desde la evolución, apuestan por el cambio: un cambio en el que nunca se habla de lo mal que lo hacen otros y sí del crecimiento, del descubrimiento... Cambiar en modelos educativos no significa que lo que hacíamos antes estaba mal; solo significa evolución, juicio crítico y avance... Sin lo de ayer, no es posible el hoy y, sin el hoy, no es posible mañana.

«Educar con tres Ces: capacidades, competencias y corazón»

Hace más de una década, cuando la palabra «competencias» aparecía en todas las formaciones, en todos los contextos educativos y en todas las conversaciones docentes..., se trataba del «gran descubrimiento» para la mejora del sistema educativo...

Lecturas y lecturas, conferencias y conferencias, discusiones, debates, literatura...; propuestas pedagógicas de gran interés..., pero... sentí que todo lo conseguido en 1990 con la inclusión de capacidades en el currículo de la escuela obligatoria se disolvía. La escuela que diseña objetivos en términos de capacidades para atender a la diversidad dando igualdad de oportunidades (respeto de la diferencia) se empezaba a diluir en «términos de competencias»... De aquí, de este conflicto, nació **Educar con 3 Ces**: capacidades, competencias y corazón.

Estos tres elementos hacen referencia a los tres participantes fundamentales en el «juego de educar»: alumnado, profesorado y familia.

Desde la llegada de las competencias a la norma, muchos y muchas hemos hablado de ellas, escrito, dado la vuelta a la pedagogía, para encontrar la solución en esta terminología tan nueva como usada en la vida cotidiana, y la verdad es que necesitamos perder el miedo para afrontarla. Dicen que tener miedo es tomar conciencia de que nos faltan recursos para enfrentarnos a una amenaza, y así estamos, asustados y sin recursos, como profesionales docentes, como padres y madres y como alumnos...

A veces, se piensa que las competencias han «borrado» las capacidades, y esto no se debe permitir que lo hagan. La formulación de los objetivos generales en términos de CAPACIDADES es uno de los puntos más representativos de un sistema educativo democrático. Al dejar a los centros y a los profesionales docentes la tarea de secuenciación, complementación y adecuación de objetivos, se apuesta por el logro de aprendizajes significativos, por la atención a la diversidad y por la profesionalidad y creatividad del profesorado.

Cuando hablamos de capacidades, hablamos de potencial; no se especifican conductas. Cuando describimos capacidades en el proceso de enseñanza y aprendizaje, estamos describiendo posibilidades de un proceso dinámico y una riqueza formativa que permiten ser reflexionadas en sí mismas para ser mejoradas. Sería un error reconvertir estas capacidades al amparo de la programación por competencias en conductas. Sería una vuelta atrás. Correríamos el riesgo de hacer de la escuela un lugar donde se preparen los «exámenes PISA» y, de nuevo, nos olvidemos de las personas.

Cuando en este proyecto, «Educar con tres Ces», hablamos de capacidades, hablamos de fortalezas, de potencialidades, de «inteligencias múltiples», del modelo propuesto por Gardner, de las aportaciones de la neuropsicología, de la diferencia como proceso y como complemento de un enfoque del desarrollo que va mucho más allá de las disciplinas, áreas o materias y de los estadios piagetianos.

Estas capacidades nos llevan a las competencias, absolutamente necesarias.

La **competencia** es una habilidad y/o estrategia técnica, con carácter ejecutable, resultado de la combinación de una o varias dimensiones de la persona, cuya consecuencia es la respuesta a una situación problemática planteada, y contextualizada.

Las capacidades se gradúan; las competencias, no, pues las convertiríamos en conductas. Las competencias se contextualizan y personalizan; ni siquiera los criterios de evaluación pueden ser una excusa para convertir las competencias en conductas evaluables; con esto, perderíamos la gran conquista social de la escuela en los últimos años: una escuela para todos y para todas.

Asociar competencia a nivel y a contenido sería cerrar el currículo, llevar las competencias también al texto, romper la posibilidad de repercusión para la educación y para el futuro.

Más adelante, desarrollaremos ambos conceptos con mayor profundidad: «capacidades» y «competencias».

La clave del trabajo por competencias está en la elección de las tareas, en la implicación y la responsabilidad del docente, en sus potenciales, en sus gustos, en su afán de superación y en sus propias «competencias docentes», nunca relacionadas con los contenidos que se trabajan.

Todo lo escrito sobre estas líneas no tiene sentido sin **corazón:** incluir la competencia emocional en los currículos escolares de forma explícita y coherente con el quehacer metodológico.

La curiosidad, la seguridad y la admiración (R. Aguado) son plataformas emocionales para el aprendizaje.

Todo producto, invento o acción, antes de ser creado, fue soñado y, solo si como maestros somos capaces de jugar y de soñar, podremos contribuir a que los niños y niñas vivan, disfruten y sonrían. Contribuir en el desarrollo de su inteligencia va más allá de la mera instrucción, de la reproducción de los sistemas.

Contribuir en su desarrollo pasa por la búsqueda compartida de su propio autoconcepto y su autoestima, por el desarrollo de su autonomía: aquella que les permita tomar decisiones autónomas y responsables en el momento en el que les ha tocado vivir; ser persona, pensar y convivir; guiar su búsqueda hacia la propia calidad de su vida: una calidad de vida no determinada por los títulos ni las haciendas, una calidad de vida determinada por la calidad de los pensamientos y controlada, por lo tanto, por cada persona, desde sus habilidades intrapersonales y sus habilidades interpersonales.

Los niños y las niñas de hoy quieren vivir dignamente su infancia. Tienen **derecho** a ello, y los adultos también tenemos el **deber** de proporcionarles las condiciones que lo permitan.

No podemos pretender que las cosas cambien si siempre hacemos lo mismo. Yo confío, confío en la inventiva, en los maestros y maestras, en las personas, en el futuro..., en mis hijas.

El esquema fundamental en el que se fundamenta este proyecto es el siguiente:

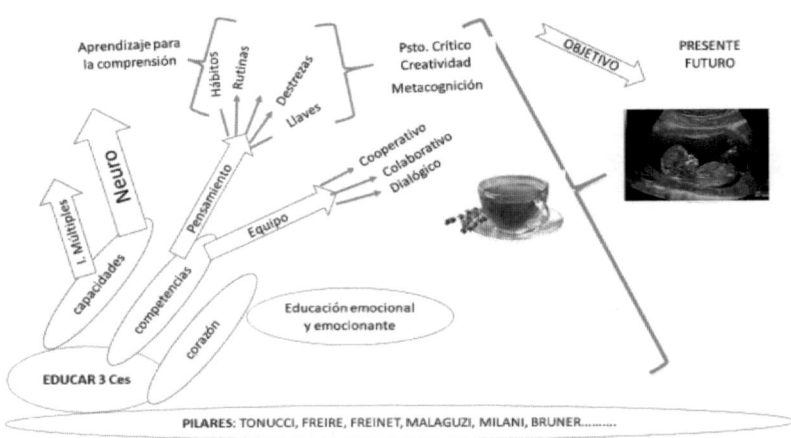

PILARES: TONUCCI, FREIRE, FREINET, MALAGUZI, MILANI, BRUNER..........

Los pilares

Cuando hablamos de innovación, parece que todo sea nuevo, que los conceptos y las teorías han aparecido de la nada en las últimas décadas y, sin embargo, solo hay que bucear un poco en la historia de la educación para saber que los clásicos, que la Escuela Nueva, la Escuela Moderna, la Institución Libre de Enseñanza y cientos de experiencias de escuela y de aula cambiaron poco a poco lo que hoy es nuestra escuela.

La actualidad de nuestra escuela no podría entenderse sin las aportaciones de la psicología: desde Freud al conductismo; con Piaget a la cabeza de todo lo que vino después, Bruner y más, Ausubel, Vygotski y toda la propuesta social.

Makárenko, Freire, Freinet, Ferrière, Montessori, Fröbel, Decroly, Dewey, Neill, Ferrer Guardia, Rosa Sensat, Loris Malaguzzi, Mario Lodi, Francesco Tonucci...

Él se enamoró de sus flores y no de sus raíces,
y en otoño no supo qué hacer.

(*El principito,* A. de Saint-Exupèry)

Las capacidades

Este modelo se inspira en la teoría de inteligencias múltiples. Con ella, abandonamos el modelo piagetiano. No nos interesa demostrar la validez del proceso de investigación para la construcción de dicha teoría; lo que realmente nos interesa es la aportación que de ella se deriva en la implementación del proceso de aprendizaje en aula: partir de la fortaleza del alumnado y no de debilidades, y diseñar una programación con multitud de lenguajes y recursos asociados y derivados de cada una de las inteligencias. No todos aprendemos de la misma manera ni por el mismo camino. De igual forma, se tienen presentes las aportaciones de la neurociencia, sin nuevas creencias ni dogmatismos.

Ha llegado el momento de abandonar la idea de individualización asociada a ritmos para buscar la fórmula de la personalización: procesos personales de aprendizaje inspirados en caminos diferentes de enseñanza que lo que de verdad construyen son situaciones de aprendizaje.

La neurociencia en nuestros días nos va demostrando poco a poco y, a la vez, con gran velocidad los secretos del funcionamiento de nuestro cerebro y nuestra mente y cada día tenemos más información de las posibilidades ilimitadas que encierra. Todo ello es tenido en cuenta en este modelo.

¿Qué entendemos por «capacidad»?

POTENCIAL

La «capacidad» es el conjunto de cualidades o aptitudes que hacen que la persona pueda ser capaz de desarrollar o ejecutar una tarea, desempeñar un cargo concreto, etc. Ahora bien, que tenga capacidad no quiere decir que, efectivamente, posea la formación necesaria o el entrenamiento suficiente para hacerlo. Se refiere, más bien, al potencial de aprendizaje.

La RAE (2020): «Oportunidad, lugar o medio para ejecutar algo».

Hacker (1970): «Sistemas consolidados de procesos psicológicos generalizados».

Dorch (1985): «La totalidad de condiciones necesarias paran el ejercicio de una determinada actividad».

Mauri (1990): «Poder o potencialidad que uno tiene en un momento dado de llevar a cabo una actividad entendida en sentido amplio».

Burgos y Pérez Gómez (1991): «El poder para realizar un acto físico o mental, ya sea innato o alcanzable por el aprendizaje».

Gardner (1991): «Destreza que se puede desarrollar».

Romera (2019): «Potencial, sin especificar conductas».

De la lectura e interpretación en profundidad de estas definiciones, podemos concluir que dos personas, con «iguales capacidades», pueden tener comportamientos y conductas totalmente diferentes.

Del mismo modo que nos encontramos con múltiples definiciones, también nos encontramos con multitud de clasificaciones. Todas aportan. Necesitamos trabajar con una clasificación para, después, poder aplicar y proponer su utilización sistematizada a la hora de proponer objetivos de aprendizaje.

Algunas que tener en cuenta:

Gagné (1979) identificó cinco categorías o variedades del aprendizaje. Estas categorías son: información verbal, habilidades intelectuales, estrategias cognoscitivas, destrezas motrices y actitudes.

Coll (1989): cognitivas, motrices, afectivas (equilibrio personal), de relación interpersonal y de actuación e inserción social.

Hasta la fecha, Howard Gardner y su equipo de la Universidad de Harvard han identificado doce tipos distintos de inteligencia, aunque las más conocidas y quizá estudiadas sean las siete primeras:

- Lingüístico-verbal: consiste en la dominación del lenguaje.
- Lógico-matemática: capacidad de conceptualizar las relaciones lógicas entre las acciones o los símbolos.
- Visual-espacial: capacidad de reconocer objetos y hacerse una idea de sus características.
- Musical-auditiva: capacidad para reconocer los caracteres del sonido.
- Corporal-cenestésica: capacidad para coordinar movimientos corporales.
- Interpersonal: capacidad de la empatía, y de entender la elección de las amistades, pareja, etc.
- Intrapersonal: capacidad de conocerse a uno mismo; por ejemplo, sus sentimientos o pensamientos, etc.
- Naturalista: sensibilidad que muestran algunas personas hacia el mundo natural.
- Emocional: abarca capacidades para reconocer, comprender y manejar emociones propias y ajenas.
- Existencial: meditación de la existencia. Incluye el sentido de la vida y la muerte.
- Creativa: consiste en innovar y crear cosas nuevas.
- Colaborativa: capacidad de elegir la mejor opción para alcanzar una meta trabajando en equipo.

Para Romera (1999):

- Capacidades sensoriales/perceptivas
- Capacidades motrices

- Capacidades cognitivas

- Capacidades lingüísticas

- Capacidades afectivas

- Capacidades sociales

También, en este apartado, no están todas las que son ni, de las que están, unas son mejores que otras. Todo depende de lo que nos ayude a la hora de diseñar los procesos de aprendizaje del alumnado.

Los baobabs comienzan por ser muy pequeñitos.
(*El principito*, A. de Saint-Exupèry)

En esta línea, me atrevo a incluir aquí la propuesta de la taxonomía de Bloom.

Se trata de un sistema de clasificación de habilidades (puede interpretarse como capacidad), según objetivos educativos que se deben alcanzar mediante dimensiones cognitivas, afectivas y psicomotoras del alumnado, y que se organizan del más simple al más complejo.

Tres dimensiones (desde la mirada de Bloom) son necesarias para llegar a las metas educativas establecidas:

- Dimensión cognitiva: hace referencia a cómo procesa el alumno la información. Aquí se analizan las habilidades intelectuales.

- Dimensión afectiva: considera el rol de las emociones en el aprendizaje analizando actitudes, sentimientos, valores o prejuicios.

- Dimensión psicomotora: se centra en las habilidades motoras del estudiante, que incluyen coordinaciones musculares y neuronales.

Estas tres dimensiones, a su vez, se gradúan según niveles:

- Conocimiento
- Comprensión
- Aplicación
- Análisis
- Síntesis
- Evaluación

Recordar

Se trata de un proceso cognitivo de primer orden, que requiere de acciones como observar, recuperar, reconocer, recordar, citar o identificar.

En el proceso, se utilizan conocimientos que el alumno puede recuperar a largo plazo.

El alumnado debe ser capaz de elegir, deletrear, relacionar, describir o repetir lo aprendido.

Comprender

La comprensión se centra en el entendimiento demostrativo básico de ideas, conceptos y hechos.

Permite al estudiante resumir, predecir, aportar ejemplos, interpretar o transmitir y parafrasear la información.

Aplicar

Aplicar consiste en utilizar todo el conocimiento aprendido para resolver problemas en situaciones diferentes a las del contexto de aprendizaje.

Aquí, el estudiante es capaz de planear, simular, construir, manipular, categorizar y dramatizar, entre otras acciones.

Analizar

Analizar implica la descomposición en partes de un problema, percibiendo el significado de cada una de las partes en relación con el conjunto, y cómo se relacionan unas con otras. El alumno es capaz de identificar causas y motivos.

Para llegar a ello, la persona debe ser capaz de realizar acciones como razonar, comparar, inspeccionar, buscar similitudes, distinguir o estudiar la causa-efecto.

Evaluar

Evaluar es la capacidad de elaborar juicios sobre informaciones, ideas o calidad de un trabajo de acuerdo con una serie de criterios preestablecidos.

El estudiante, en este nivel, puede razonar, defender sus argumentos, explicar, criticar, juzgar, probar, persuadir, deducir y recomendar, entre otras acciones.

Crear

Crear es el nivel de mayor dificultad en la pirámide de la taxonomía de Bloom.

El alumnado puede generar, planificar, modificar y producir para formar un todo coherente nuevo, ya sea creando un patrón nuevo o bien modificando uno existente. Sería el caso de inventar un ingenio o proponer soluciones alternativas.

Para conseguirlo, se necesita poder asumir tareas como las de realizar hipótesis, teorizar, visualizar, desarrollar, transformar, experimentar, innovar, elaborar y programar.

Las capacidades se recopilan en los objetivos del diseño de un proceso de aprendizaje.

Cuando miramos las diferentes capacidades, sus dimensiones o sus niveles como potencial, estamos en el plano de la capacidad.

Cuando pasan a ser ejecutables, se convierten en habilidades: COMPETENCIAS.

Las competencias

Una competencia es una habilidad y o estrategia técnica, con carácter ejecutable, resultado de la combinación de una o varias dimensiones de la persona cuya consecuencia es la respuesta a una situación problemática planteada y, por tanto, ajustándose a distintos contextos.

Una competencia es la forma en que una persona utiliza todos sus recursos personales (aptitudes, actitudes, conocimientos y experiencias) para resolver, de forma adecuada, una tarea en un contexto definido.

Las competencias educativas se definen como desempeños (conductas ejecutadas) que se consideran imprescindibles para que el alumnado pueda progresar con garantías de éxito en su itinerario formativo, y afrontar los principales retos y desafíos globales y locales del momento y lugar (espacio y tiempo histórico) en el que vive.

Las competencias no están unidireccionalmente asociadas a las capacidades. Para la ejecución de una competencia, no solo se pondrá en juego una capacidad.

Para bailar en público, no solo debo contar con capacidades asociadas al ritmo y la expresión corporal; también será necesario poner en juego capacidades intra e interpersonales, entre otras. Además, en cada persona, la combinación será diferente.

El objetivo es APRENDER A y no A CERCA DE.

Las competencias no están unidireccionalmente asociadas a las materias o asignaturas. Para la ejecución de una competencia, no solo se pondrá en juego una asignatura, o dos...

Perfil del trabajador cualificado en el s. XXI:

APRENDER A (no a cerca de)

ADAPTACIÓN AL CAMBIO

TRABAJO EN EQUIPO - COOPERACIÓN

PENSAMIENTO CRÍTICO

CREACIÓN

EMPRENDIMIENTO

INNOVACIÓN

PARTICIPACIÓN

AUTONOMÍA

ELEGIR

- Sabe escuchar y es comprensivo
- Reconoce los aciertos y aprende de sus errores
- Es innovador apoyado en una buena autoestima
- Tiene equilibrio emocional
- Emprendedor y perseverante
- Comprometido con los clientes
- Abierto a culturas y valores diversos

- Alienta el trabajo grupal
- Comunicación fluida
- Ejerce liderazgo
- Implicado
- Puede rendir bajo presión
- Usa la tecnología
- Espíritu de superación y aprendizaje constante

Las asignaturas, su estructura en contenidos (saberes), se ponen al servicio del aprendizaje competencial. Aquí, se evidencia la transdisciplinariedad de la que antes hemos hablado.

Independientemente de lo que se proponga en el devenir de la normativa, entiendo que las competencias que desarrollar por el alumnado del siglo XXI se pueden sintetizar en dos grandes dimensiones: las asociadas al pensamiento y las asociadas al trabajo en equipo.

Pensamiento: pensar de forma eficaz, con habilidad y destreza, y con la intención de resolver problemas de forma crítica y creativa; utilizar la información y convertir el conocimiento en comprensión; saber elegir, de forma autónoma y responsables, ante los retos del milenio.

Para Francis Bacon (1605), «el pensamiento crítico es tener el deseo de buscar, la paciencia para dudar, la afición de meditar, la lentitud para afirmar, la disposición para considerar, el cuidado para poner en orden y el odio por todo tipo de impostura».

Desde una perspectiva más moderna, el pensamiento crítico se entiende como la capacidad/habilidad de analizar y evaluar la con-

sistencia de los razonamientos; en especial, de aquellas afirmaciones que la sociedad acepta como verdaderas en el contexto
de la vida cotidiana: como ejemplo, las *fake news*.

La segunda gran dimensión está asociada al trabajo en equipo.
En una sociedad líquida, que cambia cada segundo, de forma individual, sabemos poco; solo cuando actuamos y trabajamos en
equipo, podemos hacer y entender grandes cosas.

> *Lo bello del desierto es que, en algún lugar, esconde un pozo.*
> (*El principito*, A. Saint-Exupèry)

El aprendizaje basado en competencias es dinámico e implica a toda la comunidad educativa, tanto en lo formal como lo
informal.

Se trata de un proceso dinámico, ya que las competencias no se
adquieren en un momento concreto y permanecen inalterables;
sino que implican un proceso diferente en cada persona y siempre abierto. Aquí encaja la personalización de la que ya hemos
hablado. Cada persona va desarrollando y adquiriendo mayores
niveles de desempeño en el uso de las habilidades (competencias), en función de sus capacidades y de las propuestas para la
práctica propuestas e implementadas.

Este aprendizaje implica una formación integral de las personas
en cada momento. Implica una reorganización constante del
pensamiento, con la finalidad de que el alumnado pueda, en todo
caso, transferir sus aprendizajes a diferentes ámbitos de su vida,
no solo los escolares.

Diferentes organismos internacionales aportan diferentes formas
de organizar (ordenar o clasificar) estas competencias. En cualquier caso, justificadas las diferentes formas de clasificación, hay
que comentar que no son excluyentes entre sí.

Desde la Organización para la Cooperación y el Desarrollo Económico (OCDE), se proponen unas competencias para el futuro en un mundo caracterizado por el cambio acelerado y la incertidumbre: gobiernos, personas, empresas y sindicatos deberán asumir una mayor responsabilidad, para garantizar que las personas aprendan y desarrollen sus competencias a lo largo de la vida. Un mayor compromiso con el aprendizaje protegerá el empleo y la participación de las personas en la sociedad. El desarrollo de un amplio conjunto de conocimientos, competencias, actitudes y valores permitirá que las personas sean trabajadoras competentes y ciudadanas comprometidas. Los gobiernos pueden desempeñar un papel importante en la promoción del aprendizaje a lo largo de la vida, para reducir la desigualdad de oportunidades a lo largo de la vida.

El desarrollo de competencias efectivas implica la movilización de conocimiento, competencias, actitudes y valores para satisfacer demandas complejas. Entre esos conocimientos, competencias, actitudes y valores, que serán cada vez más importantes para el éxito en el trabajo y en la sociedad, se encuentran:

- Competencias básicas, como la comprensión lectora y las competencias matemática y digital, que habrá que dominar a un nivel alto para adaptarse a los cambios laborales y sociales. Las personas que cuenten con competencias básicas sólidas estarán mejor posicionadas para adquirir conocimientos nuevos y desarrollar otras competencias, como las competencias analíticas, sociales y emocionales, y estarán preparadas para seguir aprendiendo a lo largo de la vida.

- Competencias cognitivas y metacognitivas transversales, como el pensamiento crítico, la resolución de problemas complejos, el pensamiento creativo, la competencia de «aprender a aprender» y el autocontrol, son necesarias no solo para responder a los desafíos del futuro, sino para mejorar el futuro.

- Competencias sociales y emocionales, como la concienciación, la responsabilidad, la empatía, la autosuficiencia y la colaboración, que ayudan a crear sociedades más amables, agradables y tolerantes.

- Conocimientos y competencias profesionales, técnicos y especializados, necesarios para satisfacer las demandas de ocupaciones específicas, pero también para ser aplicables, con el suficiente potencial de transferencia, en nuevos campos aún desconocidos.

La mayoría de los sistemas de competencias (que incluyen no solo la educación formal, sino también el aprendizaje no formal e informal en el hogar, en la comunidad y en el trabajo) tienen dificultades para preparar a los estudiantes para el futuro en un mundo tan impredecible, especialmente porque cada vez es más fácil automatizar las competencias cognitivas comunes y, sin embargo, se siguen enseñando en los sistemas de educación. (https://www.oecd.org/skills/OECD-skills-strategy-2019-ES.pdf).

Estas son las competencias educativas que enumera la OCDE:

1. Ejecución de las tareas
   Motivación por lograr resultados
   Responsabilidad
   Autocontrol
   Perseverancia

2. Regulación emocional
   Resistencia al estrés
   Optimismo
   Control emocional

3. Colaboración
   Empatía
   Confianza
   Cooperación

4. Mentalidad abierta
   Curiosidad
   Tolerancia
   Creatividad

5. Relación con los demás
   Sociabilidad
   Asertividad
   Energía

6. Combinación de competencias
   Pensamiento crítico
   Metacognición
   Autoeficacia

(https://www.cna.gov.co/1779/articles-401134_documento.pdf).

Una forma de organizar las competencias con estructura curricular puede ser:

Competencia en comunicación lingüística
Competencia plurilingüe
Competencia matemática y en ciencia, tecnología e ingeniería
Competencia digital
Competencia personal, social y de aprender a aprender
Competencia ciudadana
Competencia emprendedora
Competencia en conciencia y expresión culturales

En el Modelo 3 Ces, se incluirán siempre:

Competencia física y motriz
Competencia emocional

Con esta estructura se desarrollarán, posteriormente, las competencias para poder ser incluidas dentro de la programación y el diseño de las situaciones de aprendizaje.

Para ver claro, basta con cambiar la dirección de la mirada.
(*El principito*, A. de Saint-Exupèry)

El corazón

El complejo mundo de la emoción condiciona todo proceso de aprendizaje. El ser humano es el único animal capaz de emocionarse con la imaginación; por esto, todo lo que aprende se ve condicionado por las emociones y los sentimientos.

En este modelo, se incluye una propuesta de **educación emocional y emocionante** (educación del afecto y educación afectiva). A esta se ha llegado desde el estudio y realización de un metaanálisis de las diferentes teorías sobre la inteligencia y la educación emocional: desde Aristóteles y otros filósofos clásicos —Darwin (evolución de la especie, gracias a las emociones)—, investigaciones desde la neurología —António Damásio y otros—, el modelo cognitivo emocional —P. Salovey y J. Mayer, D. Goleman, M. Seligman, P. Ekman, P. Fernández Berrocal o R. Bisquerra— y otros modelos.

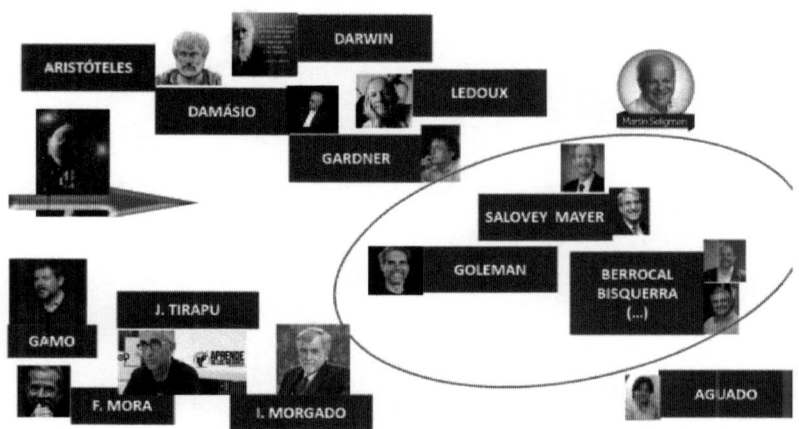

No están todos los que son..., pero sí se recoge mi propia evolución de reflexión y estudio a lo largo de mi propia evolución en el tema.

La propuesta que se incluye en este modelo es una perspectiva ecléctica y respetuosa con las teorías citadas, y que se concreta en dos líneas de actuación para la práctica: educación emocional o educación del afecto y educación emocionante o afectiva.

La primera requiere de propuestas específicas para el aula, que incluyan alfabetización emocional, conciencia emocional y socialización emocional, mientras que la segunda viene determinada por las condiciones relacionales, en las que se producen las diferentes situaciones de enseñanza y aprendizaje.

Una educación emocional y emocionante necesita partir de algunos conceptos básicos.

¿Qué son las emociones?

Realizado un análisis de contenidos de las teorías citadas, podemos decir que se trata de respuestas adaptativas de los mamíferos superiores que garantizan su supervivencia.

El miedo nos coloca en huida, escape de nuestros depredadores; la ira en enfrentamiento; el asco en rechazo de lo tóxico, y la tristeza nos da la oportunidad de volver a empezar.

La sorpresa nos desbloquea; la alegría nos invita a permanecer; la curiosidad nos lleva a preguntar, investigar y aprender: la seguridad a aprender, equivocarnos y volver a empezar, y la admiración, a amar.

Las emociones «son química», que se manifiestan a través de tres tipos de respuestas: fisiológicas, motrices y cognitivas. Son rápidas, intensas y cortas. Si busco un sinónimo de «emoción», encuentro «motivación», lo que nos mueve.

Las emociones son provocadas por estímulos. Ante un estímulo, ofrecemos una respuesta. Los estímulos pueden proceder del pasado (recuerdos), del presente (por los órganos de los sentidos: vista, oído, gusto, olfato y tacto) y del futuro (imaginación).

Las emociones no son ni buenas ni malas. Todas y cada una de ellas son necesarias.

A lo largo de la historia, y de la bibliografía especializada, nos encontramos con multitud de clasificaciones, todas ellas argumentadas y válidas según el criterio utilizado. Nos encontramos con propuestas de emociones positivas y negativas (hacen referencia a cómo nos hacen sentir, bien o mal); emociones primarias o secundarias (criterios de «pureza» emocional); emociones individuales o sociales (referido a los individuos que sienten); emociones sociales, morales o estéticas (según naturaleza del estímulo); emociones agradables o desagradables (según un criterio de percepción personal)... Sería posible seguir solo buceando un poco en bibliografía valiosa sobre el tema.

La complejidad y riqueza de matices del mundo emocional dificulta la existencia de un modelo universalmente aceptado de clasificación de emociones; siempre va a depender del criterio utilizado para la clasificación, y lo cierto es que casi todas son valiosas, dependiendo del contexto donde se utilicen. Por eso, siendo todas válidas según nuestra necesidad y objeto de estudio, yo he decidido no clasificarlas, pero sí etiquetarlas de forma variable:

- Emociones oportunas

- Emociones inoportunas

La cuestión es que no sé cuáles son las oportunas o las inoportunas. Lo son las 10; cualquiera de ellas puede ser oportuna en un momento e inoportuna en otro (R. Aguado). Las ordenaré por orden alfabético, para conocerlas y poder identificarlas en nosotros y en los demás:

1. Admiración
2. Alegría
3. Asco
4. Culpa
5. Curiosidad
6. Ira-enfado
7. Miedo
8. Seguridad
9. Sorpresa
10. Tristeza

Cada una de estas integra un universo emocional dentro de ella; lo que viene marcado por la intensidad; y cada una de ellas genera una plataforma de acción.

Podemos considerar una emoción como básica si:

- Podemos identificar «su química» (un neurotransmisor o un grupo de neurotransmisores) idénticos cada vez que aparece dicha emoción.

- Se ponen en funcionamiento una serie de estructura límbicas específicas de esa emoción.

- Cuenta con unas respuestas concretas desde lo fisiológico, lo motriz y lo cognitivo (conductas). Se incluye un gesto específico.

Las 10 pueden pertenecer a cualquiera de los grupos (oportunas o inoportunas). Tener esto claro nos ayuda mucho a la hora de educar, de relacionarnos con las personas y con nosotros mismos.

La excelencia emocional es elegir correctamente la que toca cuando toca.

Para I. Morgado, las personas que saben darse tiempo son las que pueden hacer que triunfe el cerebro racional por encima del emocional. Son las personas que decimos que tienen inteligencia emocional (una razón entrenada elige la emoción que toca); algunos lo llaman «gestión».

La inteligencia emocional es algo muy simple; no es nada nuevo: lo decía Marco Aurelio, el emperador romano, hace dos mil años, en sus famosas meditaciones. Tener inteligencia emocional no es más que ser capaz de utilizar la razón para gestionar las emociones.

Sentir alegría en un entierro es inoportuno, como lo es sentir tristeza en tu fiesta de graduación. Sentir miedo en casa con tu familia es inoportuno; sentir seguridad andando en soledad a altas horas de la noche por una ciudad desconocida en un callejón solitario también es inoportuno.

Sentir asco ante cualquier alimento es inoportuno; no sentir asco por ninguna sustancia y «probarlo» todo también lo es. Lo contrario del asco es la admiración.

Sentir admiración ante una obra de arte, un bebé, la persona amada o una puesta de sol es oportuno; sentir admiración por quien te hace daño no lo es. Sentir curiosidad por lo desconocido, investigar, preguntar... es oportuno; flirtear con las drogas no lo es.

Sentir seguridad al conducir es oportuno; llevarlo a la prepotencia o el desprecio superando los límites permitidos no lo es.

Por tanto, cada emoción tiene su lugar y su momento. Requiere de una intensidad y de un modo de respuesta: cuando esto no se cumple, surge lo inoportuno.

Cualquiera puede enfadarse; eso es algo muy sencillo. Pero enfadarse con la persona adecuada, en el grado exacto, en el momento oportuno, con el propósito justo y del modo correcto, eso, ciertamente, no resulta tan sencillo.

(Aristóteles)

La excelencia emocional se evidencia cuando vivimos nuestras emociones de forma oportuna, funcional.

Educar y educarnos en esto significa conocer nuestras emociones, todas sus respuestas, sus similitudes y sus diferencias, los estímulos que nos las provocan y cómo son nuestros comportamientos. Es construir nuestro propio autoconcepto emocional, diferente en cada persona.

Emoción no es sinónimo de sentimiento.

¿Qué son los sentimientos?

Son el arraigo de una emoción: desde la traducción cognitiva, mediatizada por la cultura y por la estructura axiológica (valores) de cada persona. Se construyen como bloques de información integrada; síntesis de datos, de experiencias anteriores, de deseos y proyectos del propio sistema de valores y de la realidad de cada persona. Son internos, relativamente intensos y mucho más duraderos que las emociones.

Los sentimientos se anclan en las emociones y dependen de los estados de ánimo.

El estado de ánimo es una predisposición para... más apagado que la emoción, más difuso, más duradero, el «rescoldo de la emoción», entre la emoción y el sentimiento.

El anclaje de una emoción inoportuna se puede convertir en sentimiento negativo. Ahora sí, considero que hay sentimientos negativos y sentimientos positivos.

Sentir miedo ante una araña según en qué contexto es una emoción oportuna. Generar pánico y fobia a las arañas en cualquier contexto siempre es disfuncional; es un sentimiento negativo.

Los sentimientos negativos hacen daño a quien los siente. El enfado me da energía suficiente para salvar un obstáculo, una dificultad. El arraigo del enfado se puede convertir en odio y este es un sentimiento muy negativo, que destroza a la persona que lo sufre.

Cuando nos referimos a un sentimiento con el término de «sentir», suele ser aceptable; cuando nos referimos con el término de «sufrir», está en la caja de lo negativo.

Esta parte de la EDUCACIÓN EMOCIONAL (DEL AFECTO) necesita en la escuela situaciones de aprendizaje específicas, planificadas y programadas. Se necesitan espacios, tiempos y personas formadas para ello.

Esta educación emocional la estructuro en los siguientes procesos:

ALFABETIZACIÓN EMOCIONAL

- Nombrar emociones, estados emocionales y sentimientos
- Reconocerlas

Estos procesos siempre deben entrenarse con analogías, metáforas y diferentes lenguajes.

En educación, no se trabaja con «emociones reales»; esto sería terapia. En educación, no somos terapeutas: somos educadores.

Por esto, se recomienda trabajar con música, con imágenes, con cortos, con pelis, con cuentos... Se trata de trabajar con las emociones de otros y aprender de ellas y con ellas para, después, transferir a nuestra vida.

Empecemos por poner un nombre correcto y fácil a los conceptos fundamentales.

Emoción

    ¿Qué son?

    ¿Cuáles y cuántas? ¿Cómo clasificarlas?

¿Qué las provoca?

¿Cómo reconocerlas? ¿Qué apariencia tienen?

Sentimiento

Estado emocional

Valores. Costumbres.

CONCIENCIA EMOCIONAL

- Identificar las emociones reconocidas y nombradas en nosotros mismos y nosotras mismas
- Construir el propio autoconcepto emocional. Este autoconcepto es la base de la construcción de cada persona (autoconocimiento, autonomía, autogestión, autoevaluación, autorregulación, autoestima...; todo lo auto, todo el YO, en relación consigo mismo)

SOCIALIZACIÓN EMOCIONAL

- Identificar emociones, sentimientos, estados emocionales en otras personas
- Empatizar con los demás, lo que requiere escucha, comunicación, habilidades sociales...

Cuando puedo identificar las emociones y sentimientos en mí, tomar conciencia de ellas y entender por qué y para qué me suceden, estoy en condiciones de identificar emociones, sentimientos, estados emocionales en otras personas.

Se debe hablar de EMPATÍA, sentir lo que el otro siente (sin permitir el secuestro emocional de mi propio cerebro). Se trata de percibir, con precisión, las emociones y sentimientos de los demás, sin juicios de valor.

Se trata de sentir lo que tú sientes para sentir qué siento cuando siento lo que tú sientes de forma controlada y elegida, tanto en momento como en tiempo, como en intensidad y, a partir de aquí, elegir qué sentir, para estar al lado de la otra persona desde la compasión y actuando en consecuencia.

Esta habilidad requiere de mucho entrenamiento, ESCUCHA, habilidades de comunicación, habilidades sociales y, por supuesto, generosidad. Todo ello se envuelve en el respeto por el otro.

La EDUCACIÓN EMOCIONANTE (AFECTIVA) es educar desde el amor incondicional que merece la infancia. Es cuidar los detalles, los olores, las formas, el lenguaje y el tono; es existir para el otro y sentirse querido por quien eres y no por lo que haces. Es vincular de forma sana y estable; es construir en el encuentro, el respeto y los valores universales. Es ejercer de modelo y referente a quien le toca y es escuchar: escuchar mucho y siempre.

Es poner límites que dan seguridad; es dar autonomía, para que la infancia pueda conquistar la vida.

Dentro de la escuela, la educación afectiva (emocionante) se da desde el lunes, 10 minutos antes de que el cole abra sus puertas hasta el viernes, 10 minutos después de que la escuela se cierre. Afecta a todo y a todos.

Un modelo de respeto y educación afectiva marcará la pauta del perfil docente que se persigue, de la cultura, de los espacios, los tiempos, los roles, la norma y las normas.

Cada centro debe partir de su realidad y diseñar su propio proceso de transformación.

> La perfección se consigue no cuando no hay más que añadir, sino cuando no hay más por quitar.
> (*El principito*, A. de Saint-Exupèry)

Estas 3 Ces darán cobertura, fondo y forma a todo el proyecto.

Estas 3 Ces encuentran su lugar en el colegio, la casa y la ciudad/calle, desde una visión integral y trascendente de la persona: la cabeza (razón), el cuerpo (motor-neurobiología-físico) y corazón (emociones y sentimientos).

Colegio-Casa-Comunidad/Calle/Ciudad

Para educar a un niño, hace falta una tribu entera.
(Proverbio africano)

Cuando necesitamos que un objeto se desplace en una dirección y un sentido, es necesario que todas las fuerzas se sumen con igual intención y empujen hacia el mismo lugar.

Podemos realizar un gran esfuerzo de empuje que, si no coincidimos en intención, no solo no avanzamos, sino que hacemos sufrir al objeto.

Si aplicamos esta idea a la educación de un niño o niña, sucede algo similar. Nuestros menores necesitan que todas las influencias educativas en su vida apunten hacia un mismo lugar.

Hacer coincidir los fines educativos de una familia con los de la escuela elegida y acompañar desde ambos espacios al niño o niña hará que las fuerzas de empuje se multipliquen, siendo conscientes de que esto no sucede de forma espontánea, sino que es necesario trabajar para ello.

Educar con 3 Ces encuentra uno de sus pilares pedagógicos en la propuesta de F. Tonucci *La ciudad de los niños*.

La calle educa; el barrio cuida. El juego de los niños debe desarrollar su autonomía y hacerlo en la calle, además de ir solos a la escuela; propuestas que, más que educativas, son políticas. La ciudad educa.

Por otra parte, es importante reconocer que, en nuestros días, por razones sociales, las familias son cada vez más pequeñas y los adultos (hombres y mujeres) trabajan fuera de casa en profesiones no compatibles con la presencia de los niños: familias desplazadas fuera de sus lugares de origen, familias monoparentales... Abuelos y abuelas se han convertido en pilares de sostenibilidad del sistema, pero no siempre están cerca y es posible. Necesitamos una red de crianza en la comunidad.

También es cierto que cada vez se habla menos de escuela y más de «entornos educativos».

No se trata de una moda más, sino de la constatación de que, «para educar a un niño, hace falta la tribu entera».

Tradicionalmente, se ha distinguido entre «educación formal» (la escuela), «educación no formal» (familia y otras actividades pedagógicas no estructuradas) y «educación informal» (grupos de ocio, escuelas deportivas, asociaciones...). Todas ellas influyen en nuestros niños y niñas, y debemos intentar que lo hagan de la mejor manera posible.

Encuentro importante hacer referencia aquí a la definición de la expresión «educación expandida», también reconocida como «educación extendida». Se refiere a una modalidad en la que se combinan elementos de la educación formal, la enseñanza informal y el uso de las nuevas tecnologías, de manera que se apuesta por un aprendizaje permanente, en el que se potencian la autonomía y la personalización.

La idea central es que el aprendizaje y la educación pueden generarse en cualquier momento, en cualquier lugar, dentro y fuera de las paredes de las instituciones educativas y más allá del aula; espacio que deja de ser el único cuando pensamos en la educación de una persona, sobre todo cuando pensamos en una educación competencial.

En esta visión, y quizá nuevo paradigma, no es posible olvidar la situación globalizada de la información. Internet lo ha cambiado todo en este siglo, y el vértigo, cuando nos asomados a la ventana de la inteligencia artificial, es inmenso.

Estas 3 Ces —casa, colegio y calle-ciudad— necesitan el trabajo en equipo de la familia, la escuela y los gobiernos locales.

Como si del dragón más poderoso de todos los tiempos se tratara (un dragón de tres cabezas), nadie cuidará mejor de sus crías.

Trascendencia

Es una locura odiar todas las rosas solo porque una te pinchó.

*Todas las personas grandes han sido niños antes,
pero pocas lo recuerdan.*

*El sentido de las cosas no está en las cosas mismas,
sino en nuestra actitud hacia ellas.*

(El principito, A. de Saint-Exupèry)

Según M. Seligman y C. Peterson, la trascendencia es una dimensión del ser humano que lo capacita para percibir su experiencia en la vida como parte de una totalidad más amplia dentro de un contexto global.

Al educar, cambiamos la vida de las personas y lo hacemos mucho más allá del aquí y del ahora, y este concepto debemos tenerlo en cuenta al diseñar un modelo educativo.

Educar para mejorar el mundo, para que nuestro planeta se mantenga vivo y mejor.

Cuando educo a mi hija, estoy educando a mi nieta. Cuando mi abuela educó a mi madre, me educó a mí.

Se trata de explicitar un compromiso implícito entre los actores de la gran obra de la educación de nuestra infancia; se trata de realizar y ejercer una educación globalizadora, en beneficio de la humanidad, donde se ofrezcan y potencien valores universales de cuidado y protección de las personas y del planeta.

Formar para trascender y educar en la trascendencia implica el desarrollo integral de la persona (cabeza, cuerpo y corazón), para que cada cual encuentre su propósito de vida, su forma de convivir en comunidad encontrando la plenitud personal y dejando un buen legado para la sociedad.

Todo ello evidencia que educar es mucho más que instruir, que transmitir conocimiento o incluso enseñar destrezas; todo ello es importante, pero no es lo esencial.

Se trata de encontrar el sentido de la vida.

Esta es una misión difícil en la sociedad rápida y cambiante en la que vivimos. Si ya es difícil pensar en el ahora, cuánto más lo es pensar en el futuro: un futuro lejano, incluso ese que va más allá de nuestra propia vida.

Se trata de apostar por una educación basada en la comprensión de que toda acción presente tendrá consecuencias importantes en el futuro, para el futuro de otros, no solo para el nuestro; una educación más comprometida con el cuidado, tanto de nuestro medio ambiente como de las personas que nos rodean.

Es educar desde la cultura, más allá de ella.
(Zaida Espinosa Zárate)

4

UN CONTEXTO PARA UN PROYECTO

Si juzgas a la gente, no tienes tiempo de amarla.
(*El principito*, A. de Saint-Exupèry)

Una de las paradojas de nuestro tiempo es el contraste entre el éxito de nuestros avances técnicos y la pobreza de nuestras formas de tratar la realidad humana. Resolvemos con enorme eficacia problemas de ingeniería y fracasamos en aportar soluciones vitales. Somos expertos en tecnología, pero, en muchas ocasiones, nos comportamos como analfabetos en el «arte de vivir».

Aprender a ser, aprender a vivir, es la gran demanda social hacia la escuela. Se trata de un «contenido» de gran dificultad, sobre todo en su enseñanza; sin embargo, es el más importante es el aprendizaje que va a acompañar a nuestros niños y niñas toda su vida, toda su existencia y en todas sus dimensiones. Educar es mucho más que transmitir conocimientos; es mucho más que informar. Educar es lo que la sociedad pide hoy a la escuela: desarrollar en nuestros niños y niñas el pensamiento, el juicio, la sensibilidad, la ética, la moral, la tolerancia..., el arte de vivir y de «sentir», sin olvidar que la calidad de una vida depende de la calidad de los pensamientos y no de las circunstancias. La imaginación y la emoción siempre le ganan a la razón.

La incorporación de competencias al currículo permite poner el acento en aquellos aprendizajes que se consideran imprescindibles, desde un planteamiento integrador y orientado a la aplicación de los saberes adquiridos; de ahí su carácter básico, clave. Así se interpreta y asume en este proyecto.

El *Informe Delors* fue elaborado por una comisión internacional para la educación del siglo XXI, a petición de la Unesco. Su nombre obedece a que estuvo presidida por Jacques Delors. Este informe fue preparado por personas que trabajan en el mundo educativo y no por estudiosos, que no conocen la realidad de las aulas, por lo que se entrega una visión más cercana de lo que debe ser la educación.

En este informe se habla, principalmente, de cómo debemos visualizar la educación, la educación integral de las personas del siglo XXI.

En el informe, se destacan tres elementos: la educación es un factor indispensable para conseguir la paz; es fundamental en el desarrollo más humano de las personas y de la sociedad y, aunque hay otros medios para lograrlo, la educación es el más importante.

La globalización plantea un desafío constante a los países, los cuales deben adecuar o reestructurar sus políticas educativas, para estar a la altura de las exigencias de competitividad, desarrollo y progreso que implica la mundialización de la economía. Así, la educación se convierte en uno de los sectores clave para el progreso, porque debe preparar a las personas para insertarse eficazmente en el mundo de la tecnología y la informática, mundo que ha superado los límites de tiempo y de espacio.

En este informe a la Unesco (ya con bastantes años, pero aún sin aplicar y con bastante vigencia) de la Comisión Internacional sobre la Educación para el Siglo XXI, se propone la educación a lo largo de la vida, basada en cuatro pilares:

1. **Aprender a ser:** desarrollo de la persona de forma íntegra para actuar cada vez con mayor autonomía, juicio crítico y respetuoso y responsabilidad personal.

2. **Aprender a saber, conocer:** apuesta por el valor de la cultura; una cultura amplia, con la posibilidad de estudiar a fondo algunas materias y aprender a aprender, para poder seguir este proceso a lo largo de toda la vida (educación permanente).

3. **Aprender a hacer:** ejecución, práctica, para poder afrontar las diversas (y muchas veces imprevisibles) situaciones que se presentan en la vida, tanto en su desarrollo cotidiano como profesional.

4. **Aprender a convivir, a vivir juntos:** conociendo y comprendiendo mejor a los demás, al mundo, a las estructuras sociales (derechos y deberes), a la interdependencia (positiva, se entiende) que se produce a todos los niveles.

En la actualidad, el trabajo solo tiene opción si es en equipo, y trabajar en equipo no es casualidad: es aprendizaje, habilidad y estrategia.

Estos cuatro pilares también lo son de este proyecto.

Desde la perspectiva social, en este proyecto, también se consideran las aportaciones de J. A. Marina, desde su filosofía de la educación, su apuesta por la implicación de la familia y su fascinación por la capacidad creadora y la inteligencia práctica que culmina no en el conocimiento y sí en la acción. De sus escritos extraemos la idea de «inteligencia ética y bondadosa», inteligencia ejecutiva.

Para educar a un niño, hace falta toda la tribu: saber aprovechar los recursos sociales y culturales que hay a nuestro alcance e intentar que ese entorno sea lo más rico, justo y estimulante posible, para que expanda nuestras posibilidades de acción; es la clave para hacer una buena educación del talento.

La escuela está pensada para compensar aquellos procesos que no se dan de manera natural, para apoyar el desarrollo y para apostar por la igualdad en todos los sentidos.

Por este motivo, necesitamos partir de nuestra realidad, de nuestras fortalezas y nuestras debilidades, de nuestro contexto más general y de nuestro contexto más específico.

No cabe duda de que la realidad propia del contexto que nos rodea va a influir y marcar nuestra práctica educativa. Estas serán realidades de las que tendremos que partir y, por ello, es necesario reflexionar sobre los siguientes aspectos: tradición y experiencia del centro y variables significativas del contexto.

Desde la tradición y la experiencia con investigación y ciencia

El mundo cambia y cambia, y cambia y cambia cada mañana, a una velocidad vertiginosa. Mirar datos es sentir la sensación de caer al vacío... Es imposible adivinar cómo viviremos en el futuro, cuáles serán nuestras profesiones... Lo único que sabemos es que hará falta mucha imaginación y creatividad, para transformarnos y afrontar los nuevos retos.

Cada escuela es distinta y cada niño y cada niña es especial; de ahí que no exista un modelo único de este nuevo paradigma educativo, que sea efectivo en todas partes. La tarea de los educadores consiste en aplicar estos principios de forma creativa en sus propias aulas.

El alumnado necesita aprender de otra manera; para esto, es necesario hacer propuestas de aprendizaje diferentes (subrayo propuestas de aprendizaje y no de enseñanza). El alumnado necesita participar, de forma activa, en su aprendizaje y conectarlo con su realidad; necesita descubrir que el tiempo que pasa en su educación obligatoria (formal) tiene valor.

Cabe proporcionarle situaciones que entrenen sus habilidades, sus fortalezas, para ser quienes quieren ser, para transformar su entorno y aprender a desaprender durante toda su vida.

Pensar de este modo no significa borrar todo lo anterior, todo lo hecho hasta el momento: la tradición y la experiencia tienen un gran peso en este proyecto; sin ellas, no existe cambio y, por tanto, no existe evolución.

Desde Sócrates, «la verdadera sabiduría está en reconocer la ignorancia» o, desde Aristóteles, «la inteligencia consiste no solo en el conocimiento, sino también en la destreza de aplicar conocimiento a la práctica»: se habla de competencias. Séneca decía «no hay que aprender para la escuela, sino para la vida» y Comenio, «[...] la escuela debe ser un grato preludio de nuestras vidas».

Kant habla de una educación para la autonomía moral, del maestro que enseña a pensar. Herbar habló de la importancia de conocer al niño desde el desarrollo de su virtud, mientras que Spencer define la educación como disciplina sujeta a la práctica, en la que se debe aprender todo aquello que es útil para la vida. Con Natorp, se habló de la educación al servicio de la comunidad y de la importancia del silencio del maestro, porque la pedagogía del maestro es importante.

Pestalozzi, Fröebel, Dewey, Freinet, Freire, Decroly, Montessori, Agazzi, Kilpatrick...; hombres y mujeres que, desde diferentes movimientos, han reflexionado y aportado gran parte de lo que es la escuela de hoy.

Piaget no intentó dar forma a nuestra escuela, pero aportó tanto que lo hizo y, aunque en la actualidad podemos decir que, en sus teorías, no se describe la realidad de nuestra infancia, sí conforman la estructura de nuestra escuela. Quizá aquí se encuentra gran parte de nuestro problema.

A Vygostky, posiblemente, nunca lleguemos a entenderlo y, aún hoy, sus teorías llevan grandes aportaciones a nuestras aulas.

Toda la corriente constructivista (Ausubel, Bruner y otros), la social, la pedagogía positivista o la pedagogía libre, la sistémica...

La escuela nueva o la escuela moderna. Neill o los «cien lenguajes del niño» de Loris Malaguzzi, donde las cosas de los niños se aprenden solo de los niños.

Rodari, con «una oreja verde» y el eterno Francesco Tonucci, siempre «con ojos de niño»...

Ellos y ellas han ido llenando la mochila de la experiencia, para hacer que la tradición mejore, dibujando el horizonte de la utopía de una escuela y una educación que realmente piensa en la infancia.

Sus teorías no son buenas o malas, acertadas o desacertadas... Fueron un gran avance en su momento, sabiendo que son todas las que están, pero que no están todas las que son...

Todas ellas han ido tomando vida de la mano de cada maestro y cada maestra que ha creído en las hadas en el momento de contar un cuento, que ha tratado a hombres y mujeres desde la igualdad y el respeto por la diferencia, que ha defendido la inclusión de las personas diferentes, que ha creído que un futuro mejor solo pasa por la educación.

En la actualidad, todo se amplía, se complica, se hace infinito en las redes... Teorías, experiencias de éxito... y neurociencia nos llevan a mirar la educación con otros ojos, casi mágicos: «mirar dentro de nuestro cerebro para explicar... y hacerlo con ciencia».

G. Doman, H. Gardner, T. Armstrong, D. Perkins, K. Robinson, R. J. Sternberg, E. de Bono, M. Lipman, A. Costa y B. Kallick, R. Swartz, Rober y David Johnson, S. Kagan, N. Chomsky, E. Ferreiro, T. Buzan, P. Salovey y J. D. Mayer, M. Csíkszentmihályi, J. P. Guilford, D. Goleman, R. Bisquerra, R. Guerrero...

De la mano de Ramón y Cajal y de António Damásio, y de la más actual neurociencia y «neuroeducación»...: M. Spitzer, T. Tokuhama-Espinosa, S.-J. Blakemore, M. Ligioiz, D. A. Sousa, E. Jensen, Ignacio Morgado, J. Tirapu, L. Feldman...

El cerebro cambia, las emociones importan y siempre acompañan al conocimiento. Lo novedoso alimenta la atención y la curiosidad, el ejercicio físico mejora el aprendizaje y es el juego el que abre las puertas del mundo; solo la práctica permite el progreso y son las artes y la naturaleza viva las que más desarrollan el cerebro...

Las nuevas tecnologías han modificado las estructuras neuronales y las conexiones cerebrales. Somos seres sociales y empezamos a ser digitales... Somos nuestras conexiones.

Las referencias no están completas...: cientos de profesionales anónimos; maestros y maestras que cada día desarrollan su trabajo a pie de aula y que dan vida a la escuela real; creadores de experiencias de aprendizaje valiosas, motivadoras, creativas y diferentes.

Ellos y ellas validan la teoría. Siempre hubo profesionales docentes maravillosos y no ha sido necesario tener estudios de neurociencia para serlo. Hoy ayuda y, sobre todo, explica.

Estas experiencias son las que realmente validan todas las propuestas de innovación.

Un contexto efímero, cambiante y plural

> *Es preciso que soporte dos o tres orugas si quiere*
> *conocer a las mariposas.*
> (*El principito*, A. de Saint-Exupèry)

Zygmunt Bauman define nuestra sociedad como líquida, nuestra modernidad líquida y, con ello, la gran fragilidad humana. Todo cambia y lo hace a una velocidad para la que quizá no estamos preparados. «Lo líquido» cambia de forma constante; no se mantiene..., no es predecible..., y esta es nuestra situación... Cada día estamos en un cruce de caminos y no sabemos qué dirección tomar... No hay una respuesta correcta; solo y «sin seguridad», hay decisiones más acertadas en momentos concretos...

Esto viene provocado por la gran transformación que suponen las tecnologías digitales y que conllevan acelerados cambios socioculturales. La escuela debería ser una institución compensadora, encargada de desarrollar aquello que no se produce de manera natural en las nuevas generaciones, pero todo es tan «líquido» y tan «rápido» que no siempre se da respuesta.

En estos tiempos líquidos, la educación requiere nuevos modelos para construir una identidad digital, a la vez que moral y autónoma.

Cambiar de trabajo 11 veces antes de jubilarse es lo que se prevé para una persona que inicie su actividad laboral en nuestros días.

De este modo, nuestra escuela debe incluir las tecnologías de la información y la comunicación no como novedad, sino simplemente porque están. Nuestro alumnado puede considerarse «nativo digital» (Marc Prensky) y el profesorado, en muchos casos, «inmigrantes digitales»... En esta relación, el docente plantea preguntas, provoca contextos de aprendizaje y, por tanto, provoca preguntas cuya respuesta no están en Google (Ewen MacIntosh)... Esto no es nuevo... «Es necesario desarrollar una pedagogía de la pregunta. Siempre estamos escuchando una pedagogía de la respuesta. Los profesores contestan a preguntas que los alumnos no han hecho» (P. Freire).

Nuestras escuelas son diferentes, muy diferentes, y todas ellas tienen la «obligación» de compensar, de garantizar la igualdad de oportunidades y la atención a la diversidad, las desventajas socioculturales, las minorías... Deben encontrar una salida con respuesta en la escolarización de los menores. La educación es una herramienta fundamental para el logro de la igualdad de oportunidades, compensando las desigualdades económicas, sociales y culturales, y garantizando la futura participación e inclusión social de todo el alumnado.

La igualdad de género sigue siendo una prioridad que debe inundar nuestras escuelas. No está superado; no es normalidad. El objetivo debe ser crear, impulsar y coordinar medidas y actuaciones de diversa índole que favorezcan el establecimiento en los contextos educativos de las condiciones necesarias para que la igualdad entre hombres y mujeres sea una realidad.

Si la evidencia de que las nuevas tecnologías deben formar parte de cualquier metodología de aula como algo intrínseco, como parte del ADN de la infancia y la juventud, el aprendizaje de idiomas se comporta de forma similar. El bilingüismo debe considerarse como un eje básico de nuestros sistemas.

Entre redes sociales y conversaciones en inglés, no podemos olvidarnos del cuerpo, de su importancia y su cuidado...: de integrar el deporte en la escuela, esto es, desarrollar la práctica del deporte como recreación, divertimento y complemento fundamental de la formación integral del alumnado.

No podemos olvidar que lo más imprescindible en la infancia y para la infancia es su contacto y vivencia en la NATURALEZA VIVA.

Apostar por la innovación no debe constituirse en los centros como algo excepcional: en cada contexto, debe ser una evidencia del funcionamiento diario. Cabe proponer, así, la introducción de cambios innovadores en la práctica docente o en la vida del centro para la mejora de los resultados y de los procesos educativos del centro, ya sean de tipo curricular, organizativo o funcional. Este modelo lleva aparejados planes de formación del profesorado sustentados en procesos de reflexión, indagación y/o investigación del profesorado sobre su propia práctica educativa, así como la incorporación de procedimientos de evaluación del alcance y de la eficacia de los cambios y de las mejoras que se esperan conseguir.

Algunos centros priorizan el fomento de la lectura y el uso de bibliotecas, y esto debería ser genérico a la totalidad de ellos.

Otra apuesta contextual necesaria en cada centro es apostar por la cultura de paz. Tanto los objetivos como las formas y contenidos de la educación para la cultura de paz deben responder a la práctica.

La escuela no puede cerrar los ojos ante la situación medioambiental en la que nos encontramos... El futuro del planeta, quizá, está en manos de la educación de nuestra infancia. Nuestro paisaje es la consecuencia directa de nuestra historia y nuestra educación. Si nuestra infancia aprende a admirar el paisaje en el que vive, aprenderá a respetarlo y lo protegerá.

Todas estas realidades construyen el contexto particular del centro; nos encontramos con centros bilingües, ecológicos, tecnológicos... por excelencia, a la vez que están dentro de contextos específicos, que es necesario conocer: el lugar donde está ubicado el centro, los grupos de iguales, las tradiciones sociales y culturales, las posibles mezclas culturales, los recursos del propio entorno.

Los contextos no están cerrados; son cambiantes, y estos cambios deben ser tenidos en cuenta en cada revisión de proyecto. Son una contribución dinámica, desde la realidad socioeconómica y cultural (tipos de viviendas, nivel de formación de la población, organismos que inciden en la zona, servicios sociales, existencia o no de asociaciones y movimientos culturales, religiosos, deportivos y de ocio, población originaria de la zona o de inmigración, sectores de trabajo de las familias e índice de paro, proximidad o lejanía de los centros de trabajo y del propio centro educativo...).

La realidad interna del centro es otra gran variable contextual y, desde esta, es necesario tener en cuenta la titularidad del centro (público, concertado, privado...), sus características singulares, el perfil personal y profesional del profesorado, las características de los espacios, el equipamiento, la tradición pedagógica del centro, las asociaciones de familia y la participación de estas, el perfil y proyecto del equipo directivo, los planes estratégicos puestos en marcha... Y destaca como importante el perfil del alumnado.

Este contexto debe ser estudiado de forma íntegra y global, conocido y sistematizado en las fortalezas y las debilidades, ayudando a priorizar necesidades, para convertirlas en objetivos y adecuar, de la mejor manera posible, los recursos de los que se dispone a las necesidades planteadas.

Al aplicar las 3 Ces (capacidades, competencias y corazón) al contexto, no podemos olvidar que hablaremos de capacidades del profesorado, de las familias y de la comunidad: competencias del profesorado, de la familia y de la comunidad y corazón del profesorado, de la familia y de la comunidad.

CAPACIDADES: tener presentes las fortalezas del profesorado, de las familias y de la comunidad.

Todo el profesorado está capacitado (titulo) para ser docente, pero no todos saben música, cine, arte, naturaleza... Cada maestro y cada maestra es diferente y esto debe tenerse en cuenta.

Con las familias sucede igual, teniendo en cuenta que, para ser madre o para ser padre, no es necesario tener un título.

Las posibilidades que nos da una localidad de mar no son iguales que las que nos da una de montaña... y, de este modo, hasta el infinito.

El mismo esquema aplicamos a COMPETENCIAS (habilidades ejecutables) y CORAZÓN (hacia la excelencia emocional).

Nuestros ojos no se posicionan sobre los hombros del estudiante para solicitar el desarrollo de sus capacidades, el entrenamiento de sus competencias y el control de su corazón; nuestros ojos se colocan sobre los tres pilares humanos del sistema: capacidades, competencias y corazón del profesorado, de la familia y del alumnado.

Para que un modelo educativo funcione, deberíamos tener diseñado y mostrarse susceptible de ser implementado un sistema de evaluación competencial del profesorado. De igual modo, sería necesario el planteamiento de una carrera profesional.

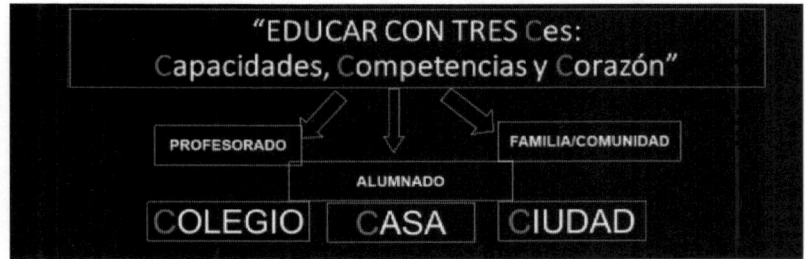

5

EN EL HORIZONTE: FINALIDADES Y METAS

No hay proyecto sin contexto: el contexto, cada centro. Cada centro define su propia realidad.

No hay proyecto sin horizonte, sin finalidades.

Las finalidades educativas generales del centro se redactan desde el respeto a toda la **comunidad educativa,** y en una apuesta por la **dignidad de la infancia.**

Algunas líneas generales que nos pueden ayudar a la hora de plantearnos **las finalidades generales de un centro pueden ser:**

- Mejorar la capacitación de los docentes. El docente del siglo XXI es quien se ocupa del ser más que del saber: búsqueda de la carrera profesional.

- Desarrollar las aptitudes necesarias para la sociedad del conocimiento, la multiculturalidad y la diferencia.

- Garantizar el acceso de todos los sectores a las tecnologías de la información y la comunicación (TIC), a la información y a la cultura.

- Desarrollar protocolos de innovación que faciliten al alumnado la posibilidad de:

- Aprender a innovar
- Aprender a cooperar
- Aprender a aprender
- Aprender a crear
- Aprender a vivir
- Aprender a ser
- Aprender a convivir

    Aprender a..., «en vez de aprender sobre».

- Apostar por el valor de la cultura y también por la cultura de los valores
- Aprovechar, al máximo, los recursos disponibles
- Abrir las puertas del centro a toda la comunidad
- Establecer estructuras diversificadas en el desarrollo del currículo, generando caminos hacia la personalización de la enseñanza
- Diseñar e implementar programas de compensación educativa, destacando la persona frente a los programas
- Utilizar agrupamientos flexibles y heterogéneos como tratamiento a la diversidad, consistente en agrupaciones homogéneas solo en momentos puntuales y para propósitos concretos
- Prestar especial atención a las transiciones entre ciclos y niveles, con tendencia al abandono del modelo piagetiano, donde se agrupa al alumnado por edad cronológica
- Distribuir y dosificar el tiempo de aprendizaje, intercalando diferentes momentos y agrupamientos para el trabajo dirigido, individual, en equipo o trabajo autónomo

- Actuar preventivamente, creando climas de convivencia apropiados

- Elaborar planes de convivencia, en los que se concreten las actuaciones

- Facilitar la asunción de compromisos de convivencia, educativos, digitales, entre los centros, el alumnado y la familia

- Reforzar la función de la tutoría y potenciar su función de mediación en la resolución de conflictos

- Incluir en la cotidianeidad la perspectiva de género y, en ningún caso, permitir la discriminación en cualquier ámbito (rol, lingüístico, de utilización de espacios...)

- Priorizar las funciones de los departamentos de orientación, desde la perspectiva del desarrollo integral del alumnado, así como el desarrollo de las habilidades intrapersonales e interpersonales

- Incorporar multiplicidad de mecanismos de comunicación, entre todos los sectores de la comunidad

- Estimular la participación del conjunto de la comunidad educativa en las tareas de gobierno y control, a través del consejo escolar

- Potenciar la participación vinculante de las familias en los centros docentes

- Potenciar la participación del alumnado en la toma de decisiones del centro, a través de las juntas de delegados y delegadas, de las comisiones de convivencia y de los consejos de alumnado

- Evidenciar la Convención Internacional de los Derechos del Niño en cada una de las actuaciones del centro

- Integrar en todos y cada uno de los niveles de programación (proyecto educativo, curricular, programación general, unidad didáctica, situación de aprendizaje, sesión, etc.) los objetivos tendencia del centro

Ninguna de estas líneas de actuación es de utilidad si no se parte de la reflexión consensuada de toda la comunidad educativa.

6

OBJETIVOS PARA LA MEJORA

En el diseño de un proyecto educativo de centro, es necesario plantearse objetivos valiosos, de transformación del centro y de la zona. Las siguientes propuestas están alineadas con el modelo educativo **Educar con 3 Ces.**

Sabiendo siempre que no tiene sentido plantearlas sin ajustarse a la realidad.

El objetivo de cualquier proyecto es un proyecto con objetivos: objetivos plausibles, factibles y con los que se defina el horizonte hacia el que nos acercamos, pero que siempre rozan la utopía.

Sugerencias desde el modelo **Educar con 3 Ces:**

1. Mejorar el nivel cultural de la zona a partir de la incidencia en la infancia y la juventud

2. Hacer del centro docente un encuentro cultural para toda la comunidad

3. Concienciar a las familias de la importancia de la educación de sus hijos e hijas y de todos los menores de la comunidad, potenciando el sentido de comunidad a la hora de educar y de participar

4. Incrementar el porcentaje del alumnado que presenta un desarrollo adecuado de las distintas competencias

5. Mejorar los resultados relativos a la instrucción en todos los niveles

6. Mejorar el valor de la escuela en relación con el alumnado y sus familias: expectativas

7. Ampliar el compromiso de la comunidad con la escuela

8. Validar la utilización de internet para mejorar la comunicación entre la comunidad en general y la escuela, utilizando siempre las redes sociales de forma crítica y responsable

9. Potenciar las relaciones personales entre todos los miembros de la comunidad, con encuentros presenciales y en directo

10. Promover el trabajo, el disfrute, el esfuerzo, el estudio, el placer por aprender y la motivación como formas de mejorar en todos los órdenes de la vida

11. Concienciar a la comunidad educativa para el buen uso de las TIC

12. Conseguir el mayor grado de coordinación entre niveles, ciclos y etapas

13. Mejorar la atención al alumnado diferente (necesidades educativas específicas, con altas capacidades, sobredotación intelectual, diferencias culturales y otras)

14. Priorizar el desarrollo de la competencia lingüística y la atención especial al desarrollo de la comprensión lectora y de la expresión escrita, resolución de problemas y cálculo matemático

15. Potenciar el uso de la biblioteca escolar y, con ella, el enamoramiento lector

16. Fomentar el trabajo cooperativo, colaborativo y dialógico entre el profesorado y de las buenas prácticas docentes

17. Fomentar el trabajo cooperativo, colaborativo y dialógico entre el alumnado y las buenas prácticas de aula

18. Dar cobertura real a las propuestas metodológicas y pedagógicas recopiladas en la norma y adaptadas según los principios de autonomía pedagógica

19. Trabajar realmente en equipo a todos los niveles

20. Incorporar la participación de la familia de forma estratégica, planificada y flexible, abriendo las puertas del centro en modalidades diferentes, para facilitar dicha participación

21. Establecer parámetros de convivencia entre todos los sectores de la comunidad educativa, que faciliten y permitan desarrollar estructuras democráticas y de respeto

22. Apostar, de forma evidente, por la defensa de todos los derechos humanos y de la infancia (igualdad, paridad, multiculturalidad..., diversidad)

23. Hacer de la escuela un contexto de inclusividad, que nos lleve a una escuela exclusiva para cada niño y cada niña: personalización

24. Integrar la función inspectora y la función asesora como elementos de mejora en las propuestas pedagógicas de los centros

Las instituciones internacionales en nuestros días se proponen:

- **Crecimiento inteligente:** desarrollo de una economía basada en el conocimiento y la innovación

- **Crecimiento sostenible:** promoción de una economía donde se haga un uso más eficaz de los recursos, que sea más verde y competitiva

- **Crecimiento integrador:** fomento de una economía con alto nivel de empleo, que tenga cohesión social y territorial

Si aplicamos un pensamiento crítico y transferencial a estas tres prioridades, sin considerar en ningún caso la escuela como empresa en una estructura neoliberal, las finalidades serían las mismas:

- **Crecimiento inteligente:** desarrollo de una cultura global e integradora, basada en el conocimiento y la innovación

- **Crecimiento sostenible:** promoción de una cultura donde se haga un uso más eficaz de los recursos, que sea más verde y competitiva (competencial)

- **Crecimiento integrador:** fomento de una cultura con alto nivel de empleo, que tenga cohesión social y territorial

Economía y cultura van de la mano si quieren avanzar. Solo puede unirlas la escuela, pensada para compensar lo que no se da de manera natural: una escuela para todos y para todas.

7

LÍNEAS DE ACTUACIÓN PEDAGÓGICA

Estas líneas de actuación se concretan en la definición del modelo pedagógico coherente con las teorías y autores de referencia antes citados: aprender haciendo, programación por situaciones de aprendizaje, aprendizaje cooperativo, inteligencias múltiples, etc.

El modelo **Educar con 3 Ces** se apoya en:

- **Principio de libertad:**
  - Exigencia de neutralidad política
  - Respeto a la libertad de conciencia
  - Límites a libertad de cátedra (que no es hacer y decir lo que cada persona quiere)

- **Principio de igualdad:**
  - Equidad = igualdad de oportunidades
  - Inclusión educativa
  - No discriminación
  - Igualdad efectiva de hombre/mujer. Respeto a la diferencia

- **Principio de dignidad:**
  - Respeto de los derechos del alumnado
  - Desarrollo de capacidades
  - Respeto a la diversidad
- **Principio de participación:**
  - Funcionamiento democrático
  - Autonomía pedagógica y de gestión
- **Otros valores, que sustentan la convivencia democrática y que son exigencia de una enseñanza de calidad:**
  - Responsabilidad
  - Respeto al otro
  - Respeto al medio
  - Tolerancia
  - Cultura de paz
  - Solidaridad
  - Compromiso
  - Ciudadanía democrática

La **consecución del éxito escolar del alumnado** es el principio que inspirará los criterios para establecer los agrupamientos del alumnado y la asignación de las tutorías, no habiendo lugar a que el ejercicio de la autonomía pueda favorecer en intereses individuales:

- El **trabajo en equipo** es el principio que sustentará la elaboración del plan de reuniones de los órganos de coordinación docente.
- La **atención a la diversidad:** heterogeneidad como valor.

- La colaboración con las familias y con el entorno y la comunidad.

- La construcción de **entornos de aprendizaje ricos, motivadores y exigentes.**

- La **metodología abierta y flexible, centrada en el alumnado,** hacia un diseño personalizado.

- El **aprendizaje funcional, para la vida** en el siglo xxi.

- El **clima de respeto y convivencia,** que facilite el trabajo del alumnado y del profesorado, y que es imprescindible para desarrollar la tarea educativa.

- La **participación en planes y programas,** que mejoren la labor educativa y aporten calidad a la enseñanza que ofrece el centro.

- El **desarrollo de la autonomía,** que permite el marco normativo, entendido bajo los principios de participación, responsabilidad y rendición de cuentas.

- Apuesta por el **aprendizaje cooperativo, colaborativo y dialógico.**

- Trabajo por **tareas generadoras-situaciones de aprendizaje** (diferentes tipos de unidades didácticas) en el entorno de **competencias** y el trabajo por proyectos.

- **Horario** al servicio del aprendizaje **(por tareas y momentos educativos).**

Estas líneas de actuación pedagógica se sintetizan en un modelo de programación general de asignatura o nivel y un modelo de programación de unidades o situaciones de aprendizaje, siendo esta la clave del modelo **Educar con 3 Ces**: capacidades, competencias y corazón.

8

UN MODELO DE PROGRAMACIÓN

Todo lo comentado hasta el momento se refleja en dos esquemas básicos, que se recogen a continuación, sintetizando y estructurando, de forma crítica, la propuesta que hace factible el modelo **Educar con 3 Ces**: capacidades, competencias y corazón. Se trata de un esquema de programación, un modo de programar (tanto en lo relativo a la programación general que es requerida cada curso escolar para cada grupo y área-materia-asignatura o en su caso interdisciplinar o global, así como el desarrollo de cada una de las unidades).

El modelo de unidad lo desarrollaremos más adelante.

En ambos casos, nos ubicamos en el trabajo de aula, en el trabajo directo con el alumnado y desde el equipo docente.

Analicemos la programación.

PROGRAMACIÓN DIDÁCTICA. PROGRAMACIÓN DE AULA-GRUPO PARA UN CURSO ESCOLAR.

ETAPA	CICLO	NIVEL	

TÍTULO DE LA PROGRAMACIÓN:

CARACTERÍSTICAS MÁS SIGNIFICATIVAS DEL GRUPO:

OBJETIVOS GENERALES DE ENSEÑANZA DE LA PROGRAMACIÓN
Basándonos en las competencias docentes del siglo XXI y en el perfil del profesorado deseado, en las demandas de la comunidad... El PE del centro

MARCO GENERAL DE COMPETENCIAS. DESCRIPCIÓN DE DIMENSIONES DE COMPETENCIA
Selección de las habilidades más significativas de cada competencia para tu programación

OBJETIVOS GENERALES DE APRENDIZAJE DE LA PROGRAMACIÓN (pueden diseñarse de forma globalizada o por áreas)
Relacionados con los objetivos de etapa y concretos para el nivel elegido. Se redactan teniendo presente la taxonomía de Bloom, o lo que se denomina

SELECCIÓN DE CONTENIDOS-SABERES DE LA PROGRAMACIÓN
(Referencia a contenidos generales: deben graduarse en IMPRESCINDIBLES, DESEABLES e INCREÍBLES) (Referencia a contenidos generales, según los bloques de contenidos (saberes) propuestos en la normativa) Estaría bien que no ocupen más de una cara de folio y se puede presentar en formato de mapa conceptual.
EDUCACIÓN EN VALORES Y CONTENIDOS DE TRATAMIENTO TRANSVERSAL: Se seleccionan de forma concreta, haciendo referencia al nombre que reciben en la norma; no se citan.

METODOLOGÍA					
Principios generales.					
ESTRUCTURA DE LOS TIPOS DE UNIDADES DIDÁCTICAS:					
Aquí se explica el concepto de cada uno de los tipos de unidades elegidas.					
TAREAS GENERADORAS	TEMÁTICAS	PROYECTOS	TALLERES	RINCONES	PROGRAMAS

OTROS:

Resulta posible incluir el plan de infusión.

AGRUPAMIENTOS:

Se describirán los que se utilizan y por qué.

ESPACIOS:

Se describirán los que se utilizan y por qué.

TIEMPOS (HORARIOS, JORNADA, SEMANA, MES, TRIMESTRE...):

MATERIALES/RECURSOS/TIC:

ATENCIÓN A LA DIVERSIDAD:

TRATAMIENTO NEE:

OTROS:

EVALUACIÓN DEL PROCESO DE ENSEÑANZA:

Según los objetivos de enseñanza

Es necesario incluir CÓMO y CUÁNDO se va a realizar.

EVALUACIÓN DEL PROCESO DE APRENDIZAJE:

CRITERIOS DE EVALUACIÓN:

(Según la norma)

CITERIOS DE CALIFICACIÓN (ASOCIADOS A TIPOS DE UNIDADES):

1.

2.

3.

4.

5.

Evidencias que observar (sugerencias para instrumento):

1	2	3	4	5

ANEXO DE TABLAS DE RÚBRICAS/OTROS INSTRUMENTOS POR UNIDAD Y/O TAREAS GENERALES

AUTOEVALUACIÓN/COEVALUACIÓN DE IGUALES/EVALUACIÓN DEL PROFESORADO

TÉCNICAS/INSTRUMENTOS/ACTIVIDADES DE EVALUACIÓN

TEMPORALIZACIÓN DE LA EVALUACIÓN

Se debe incluir, de forma clara, cómo se temporaliza para los tres trimestres y qué hay dentro de cada trimestre (posible hacerlo en semestres).

COMPETENCIAS TRABAJADAS EN LA PROGRAMACIÓN (DESCRIPCIÓN)
Este apartado puede no incluirse: si se incluye, puede valer de lista de control, para ir señalando lo trabajado y el nivel de desarrollo.

OBSERVACIONES:

Cada docente, dependiendo de sus atribuciones, debe «programar-planificar» su intervención educativa para cada curso escolar. Hacerlo de forma interdisciplinar, globalizada, por asignatura o en cualquier otra variable dependerá de la opción pedagógica adoptada por el centro, de la evidencia de la autonomía pedagógica y del proyecto educativo del centro.

En cada programación, debe proponerse un **«título»**. En él, a modo de «titular», se recopila la esencia de la programación y va mucho más allá del nombre de una asignatura o un nivel escolar. Aquí empieza a latir el CORAZÓN de la programación.

Analicemos detalladamente cada uno de los elementos.

Los objetivos de enseñanza

Desde un entorno de mejora e innovación, cada equipo docente debe plantearse, de forma clara, objetivos de enseñanza no mezclados con los de aprendizaje. Hablamos de objetivos para el profesorado, para la institución...; objetivos que deben ser referentes para la evaluación del proceso de enseñanza. Para su redacción, nos podemos inspirar en la función docente del siglo XXI, en la propuesta de competencias del profesorado de Philippe Perrenoud y en el informe de J. Delors (la educación encierra un gran tesoro).

Todo depende de cada docente, de cada equipo y de cada centro; nunca deben perderse de vista las finalidades que el centro se ha propuesto en su proyecto educativo, sin olvidar que estos objetivos deben ser tenidos en cuenta durante todo el curso escolar y evidenciados con el grupo de alumnado para el que se diseña la programación.

Algunos ejemplos coherentes con el modelo de **Educar con 3 Ces** son:

1. **Atender a la diversidad,** caminando hacia la escuela inclusiva, por lo que se recoge dicha diversidad como un factor enriquecedor y un recurso del proceso de enseñanza-aprendizaje.

2. **Crear un clima de afecto y confianza,** desde el respeto y la disciplina como proceso de conquista de la autonomía personal y el disfrute.

3. **Utilizar la programación como medio y recurso** para toda la comunidad educativa en el proceso de crecimiento de los niños/as.

4. **Despertar, afianzar, consolidar** en el alumnado el **gusto por la escuela.**

5. Abrir la escuela y el aula a la **participación real de la familia.**

6. Potenciar el **desarrollo integral** en los niños y niñas desde un enfoque humanista, democrático y basado en la educación emocional y en la concepción de la persona como un todo, con diferentes capacidades-potencialidades.

7. **Integrar las TIC** en el proceso de enseñanza y aprendizaje, siempre como recurso. En ocasiones, su integración pasa por hacer que no se utilicen.

8. Utilizar el **entorno próximo** y la **cotidianeidad** de los niños y niñas como punto de partida y de encuentro.

9. **Dar la palabra al alumnado,** para opinar sobre todos los aspectos que le incumben.

10. **Respetar los momentos de juego y tiempo libre** del alumnado necesarios para un crecimiento sano, equilibrado y feliz.

11. Potenciar estrategias que desarrollan la **interdependencia positiva** en los grupos y en el centro.

12. **Priorizar la escucha** a la instrucción, **la investigación** y **la comprensión** a la memoria repetitiva.

13. **Integrar la evaluación** como proceso de aprendizaje y no como juicio.

14. [...]

No se trata de poner muchos o todos... Se trata de dar visibilidad a las prioridades. No seleccionar no significa que ese objetivo o aspecto se elimine; significa que, en ese momento, se prioriza otro.

Cada docente, cada equipo, debe reflexionar sobre su selección y adecuación y tenerlos presentes en la implementación de la programación durante todo el curso escolar.

Las competencias

En la programación de este modelo, aparecen las competencias recopiladas, antes que los objetivos de aprendizaje. Esto es porque se constituyen como el marco general, no asociadas a materia, tampoco a asignatura o área y ni siquiera a nivel.

No aparecen, en este modelo, asociadas a indicador de logro, por o que, como marco referencial, se comportan como la base de la metodología, del aprender haciendo, y entiendo que no deben marcar hasta dónde hacer, dada la gran diversidad del alumnado y la búsqueda de la heterogeneidad como marco para el enriquecimiento.

Por este motivo, las competencias (estudiadas desde la norma) se presentan como habilidades, dimensiones susceptibles de ser entrenadas. De esta idea se redactan de forma sustantivada y se hace desaparecer el verbo en infinitivo, que nos ubica por costumbre didáctica en los objetivos.

Se seleccionan, a continuación, una serie de dimensiones asociadas a todas las competencias, con las que no se define indicador de logo (esto se hace a través de los contenidos y de las tareas) y que no se asocian a asignaturas, niveles o inteligencias. No son excluyentes entre ellas.

Las competencias integran diferentes tipos de aprendizajes. Se apuesta, así, por la realización personal y el aprendizaje permanente desde el entrenamiento para la permeabilidad y el cambio.

Los contextos cambiantes antes definidos se convierten en educativos si les damos las coordenadas competenciales adecuadas.

Como ejemplo para estructurar en dimensiones las competencias, se destacan nueve, pero esta estructura puede ser modificada, según la realidad del centro.

Las competencias analizadas, dimensionalizadas y organizadas en habilidades son: lingüística; matemática, científica y tecnológica; digital; social, cívica y ciudadana; cultural y artística; aprender a aprender; autonomía e iniciativa personal, liderazgo y emprendimiento.

En la propuesta **Educar con 3 Ces,** se incluyen dos competencias no recogidas hasta ahora en ninguna normativa ni bibliografía pero que, por relevancia e importancia, entiendo que es necesario destacarlas:

- Competencia emocional
- Competencia física y motriz

COMPETENCIA LINGÜÍSTICA

Dimensiones

Escucha activa	Exposición interactiva	Diálogo	Análisis crítico y racional	Empatía lingüística
Comprensión oral	Expresión oral de ideas	Expresión oral de emociones con vocabulario emocional	Organización lingüística	Lectura mecánica
Comprensión escrta	Expresión escrita de ideas	Utilización de la gramaticalidad	Lectura: comprensiva	Lectura: reflexiva
Autorregula- ción del conocimiento	Utilización de diferentes tipos de discursos	Comunicación en otras lenguas	Utilización de la textualidad	Adecuación, cohesión y coherencia en textos
Utilización correcta de textos, según ámb tos de uso	Dominio de los diferentes contextos lingüísticos	Escritura: copiado	Interpretación de procesos comunicativos integrales	Otros...
Ampliación constante y consciente de vocabulario	Ortografía como evidencia de claridad co- municativa	Escritura: dictado	Escritura: composición y redacción	

COMPETENCIA MULTILINGÜE

Dimensiones

Escucha activa en otras lenguas	Exposición interactiva (interacción verbal en otro/s idiomas)	Diálogo en otros idiomas	Análisis crítico y racional	Empatía
Comprensión en otros idiomas	Expresión de ideas en otros idiomas	Organización lingüística	Lectura: mecánica, comprensiva y reflexiva	Autorregu-lación
Utilización de diferentes tipos de discursos	Comunica-ción en otras lenguas	Utilización de la grama-ticalidad y la textualidad	Adecuación, cohesión y coherencia en los textos	Dominio de los diferentes contextos lingüísticos
Escritura: copiado, dictado, composición y redacción	Interpretación de los procesos comunicativos integrales	Vocabulario	Respeto por otros idiomas y culturas	Otros

COMPETENCIA MATEMÁTICA Y COMPETENCIA EN CIENCIA, TECNOLOGÍA E INGENIERÍA

Dimensiones

Conocimien-to del lenguaje matemático	Cálculo	Aplicación activa	Aplicación de algoritmos	Pensamiento alternativo
Manejo de los elementos matemáticos	Representa-ción	Uso responsable de recursos	Obtención de información	Pensamiento consecuencial

Inducción	Procesos de razonamiento	Precisión en la expresión	Uso de estrategias	Pensamiento de perspectiva
Deducción	Interpretación	Solución de problemas	Pensamiento causal	Pensamiento de medio-fin
Aplicación de conceptos básicos	Planteamiento de hipótesis	Recogida de información	Manejo de elementos científicos	Ampliación de vocabulario científico
Análisis de fenómenos	Contraste de soluciones	Actitud investigativa y respetuosa	Análisis de información	Interacción responsable en los ciclos naturales
Percepción de espacios físicos	Predicciones	Aplicación de conocimientos y procedimientos	Búsqueda de soluciones alternativas	Relativización en las afirmaciones científicas
Obtención, análisis y representación de la información	Interpretación y evaluación de hechos	Demostración de un espíritu critico	Observación de cambios	Otros...

COMPETENCIA DIGITAL

Dimensiones

Búsqueda de información	Inducción	Organización de la información	Análisis de la información	Pensamiento crítico ante los medios
Selección de información	Deducción	Dominio de lenguajes específicos	Relación con entornos sociales y físicos	Herramienta de trabajo y de ocio

Síntesis de información	Técnicas y estrategias adecuadas a las fuentes de información	Comunicación en diferentes lenguajes y técnicas	Desarrollo del trabajo personal y autónomo	Comprensión del efecto de las nuevas tecnologías
Manejo responsable de redes sociales	Responsabilidad en tiempos de uso	Lectura de imagen y publicidad	Predicción de los cambios digitales	Responsabilidad en consumo digital
Inferencias	Desarrollo del trabajo colaborativo	Desarrollo de hábitos	Trabajo colaborativo	Otros...

COMPETENCIA PERSONAL, SOCIAL Y DE APRENDER A APRENDER

Dimensiones

Conocimiento de la evolución y organización de sociedades	Realización de razonamientos críticos	Sentido de ciudadanía global	Toma de decisiones autónoma y responsable	Negociación
Rasgos y valores de la democracia	Diálogo para la comprensión y la solución de problemas	Resolución de conflicto mediada y consensuada	Respeto a los principios y valores	Asertividad
Ejercicio de derechos y deberes de la ciudadanía	Comprensión de las diferencias culturales	Concepto de «construcción», frente a «destrucción»	Escucha activa	Empatía

Conciencia de los hechos y problemas sociales	Sentido de pertenencia	Habilidades sociales	Presentación de una queja	Persistencia
Manejo de la impulsividad	Escucha con entendimiento y empatía	Pensamiento flexible	Metacognición	Precisión
Cuestionamiento y planteamiento de problemas	Aplicación del conocimiento del pasado a situaciones nuevas	Comunicación con claridad y precisión	Recavación de datos con todos los sentidos	Creación, imaginación, innovación, etc.
Reacción con asombro y admiración	Aceptación de riesgos responsables	Sentido del humor	Pensamiento interdependiente	Apertura al aprendzaje continuo
Comprensión	Aplicación	Análisis	Síntesis	Creación
Evaluación	Deducción	Inducción	Clasificación	Otros...

COMPETENCIA EN CONCIENCIA Y EXPRESIÓN CULTURALES

Dimensiones

Reelaboración de ideas y sentimientos	Desarrollo de la imaginación y la creatividad	Valoración del derecho a la diversidad cultural	Conocimiento crítico de diferentes obras	Participación activaen la vida cultural
Utilización de formas de expresión adecuadas	Conocimiento de técnicas y recursos	Libertad de expresión como valor	Estética en todos los órdenes de la vida	Literatura, cine, pictografía, arquitectura...

Cooperación	Planificación y evaluación de la información	Identificación de relaciones entre cultura y sociedad	Utilización crítica y responsable de la información	Expresión y comunicación en códigos artísticos
Apoyo y aprecio de otras iniciativas	El patrimonio cultural como riqueza compartida	La creatividad como valor	El respeto por otras formas de pensar	Otros...

COMPETENCIA PARA APRENDER A APRENDER

Dimensiones

Lectura comprensiva	Percepción	Escucha activa	Control de recursos	Identificación y manejo de respuestas
Análisis	Expresión lingüística	Planificación	Planteamiento de preguntas	Autorregulación
Síntesis	Observación	Organización	Motivación intrínseca	Aceptación de errores
Memoria	Recogida, selección y tratamiento de la información	Diseño de objetivos y metas	Valoración de los procedimientos	Manejo de la impulsividad
Atención	Flexibilidad cognitiva	Persistencia	Autocontrol	Otros...

COMPETENCIA DE AUTONOMÍA E INICIATIVA PERSONAL. LIDERAZGO Y EMPRENDIMIENTO

Dimensiones

Planificación	Análisis de posibilidades y limitaciones	Consenso	Capacidad de transferencia	Rentabilidad en los procesos

Delimitación de objetivos	Actuación responsable y consecuente	Asertividad	Búsqueda de alternativas	Visión de perspectiva
Control realista de recursos	Habilidades sociales	Valoración del otro y del yo	Síntesis y simplificación	Divergencia en soluciones, penetración
Autoevaluación	Trabajo en equipo	Reelaboración de los problemas	Concentración	O

COMPETENCIA EMOCIONAL

Se entiende por «inteligencia emocional» la capacidad de sentir, entender controlar y modificar estados anímicos: propios y ajenos (Goleman), la habilidad de elegir la emoción adecuada en el contexto oportuno con la intensidad correcta. Esta capacidad se ejecuta en habilidades prácticas o competencias.

Las habilidades prácticas que se desprenden de la inteligencia emocional en el modelo cognitivo emocional se pueden organizar en relación con lo intrapersonal (internas y de autoconocimiento) y lo interpersonal (externas y de relación).

Todo ello le permitirá que su actuación sobre el entorno y sus relaciones humanas sean eficaces, útiles, y tengan repercusiones positivas para él o ella, los demás y el entorno en el que se desenvuelve.

A modo de síntesis:

- Construcción de un concepto claro de uno mismo
- Valoración como ser único
- Identificación de emociones diferentes en contextos diferentes
- Manifestación de confianza en las propias capacidades y cualidades. Respeto ante las cualidades de los demás

- Reconocimiento de los propios gustos, preferencias, necesidades y deseos. Toma de decisiones en consecuencia

- Conciencia clara de las habilidades propias

- Intención y persistencia en la superación de dificultades

- Expresión de cualidades y habilidades de uno mismo explicitando logros del pasado inmediato. Valorarse como miembro de un grupo

- Flexibilidad e iniciativa. Utilización de estrategias de autodefensa

- Habilidad para pedir favores y ayuda

- Satisfacción con uno mismo

- Conocimiento comprensivo de las emociones y los sentimientos propios y de los demás

- Control de la impulsividad y aumento de la reflexión ante situaciones cotidianas

- Reconocimiento y responsabilidad de los propios actos

- Interiorización de hábitos y rutinas. Establecimiento de normas consensuadas

- Sentimiento de pertenencia a un grupo. Control en la expresión de sentimientos agradables y desagradables

- Enriquecimiento de relaciones sociales

- Disponibilidad para aprender y enseñar cosas nuevas

- Búsqueda y consecución de objetivos comunes en un grupo. Resolución de problemas de relación. Toma de decisiones grupales

- Asertividad y empatía. Comprensión de otros puntos de vista

- Interpretación del lenguaje no verbal
- Desarrollo de procesos de comunicación integral
- Interpretación realista de lo comunicado. Resolución de conflictos. Tolerancia
- Sentimiento de pertenencia a un grupo. Conciencia de enriquecimiento al mundo social
- Dominio en las reglas de una conversación
- Solicitud y ofrecimiento de favores, ayudas, manifestación de quejas, peticiones, agradecimientos...
- Reconocimiento de errores, pedir disculpas de forma apropiada
- Estrategias de autoaprendizaje y disfrute. Automotivación y autodisciplina. Confianza en uno mismo. Autoplanificación
- Percepción positiva de las situaciones. Optimismo. Atreverse a hacer cosas nuevas. Superar las dificultades. Tener buena salud
- Decir que no, sin sentir remordimientos ni molestar a los demás
- Expresión de sentimientos, sin sentir culpabilidad
- Flexibilidad en las opiniones, posibilidad de cambio
- Reconocimiento de errores sin vergüenza
- Realización de críticas positivas y constructivas
- Conocimiento de los propios límites y no desanimarse ante los fracasos o errores
- Proteger los derechos de uno, respetando los de los demás
- Autoconfianza, vida en sociedad, disfrute y vivencias de paz positiva

- Actitudes de no violencia
- Utilización de formas constructivas de relacionarnos con los demás. Creatividad, asertividad, tolerancia
- Control de las propias emociones y sentimientos. Toma de decisiones autónoma y responsable

Dimensiones

Autocon-cepto	Conversación interior	Detención de pensamientos negativos	Facetas positivas de los errores	Relajación y meditación
Autonomía	Evitación de frustraciones	Control de generalizaciones	Pensamiento creativo	Comunica-ción
Autoestima	Declaración de aspectos positivos	Reconoci-miento de los prejuicios	Visualización e imaginación	No preocuparse por la opinión de los demás, ocuparse
Afirmaciones positivas y repetitivas	Aceptación de cumplidos	Conciencia del lenguaje no verbal propio	Diario de emociones	Habilidades sociales
Asertividad	Empatía	Consenso	Resolución de conflictos	Visión de la diferencia, frente a la deficiencia

Competencia física y motriz

En el desarrollo de las dimensiones motrices, corporales y físicas: respiración, relajación, postura corporal... y el desarrollo de una cultura del ocio y el tiempo libre muy relacionada con el deporte en todas sus dimensiones, relacionada con el cuidado del cuerpo, la salud, la prevención de hábitos nocivos y la búsqueda del equilibrio.

No consiste en hacer cosas con el cuerpo; consiste en tomar conciencia del propio cuerpo, de sus acciones y sus posibilidades.

A modo de síntesis:

- Estructuración de la imagen corporal propia
- Autonomía personal a través del propio cuerpo
- Tolerancia a la frustración, para comunicar deseos y demandas
- Utilización del cuerpo para expresar sentimientos y emociones
- Vivencia de nuestro cuerpo, aceptándonos como somos
- Exploración de las posibilidades de movimiento del cuerpo y sus partes
- Juegos con elementos
- Uso de la izquierda y la derecha
- Juegos con esquemas de acción, con destrezas y habilidades
- Realización de movimientos voluntarios con cualquier parte del cuerpo
- Desarrollo de la capacidad respiratoria
- Utilización del espacio y los desplazamientos.
- Dominio de movimientos finos. Procesos de lateralización
- Seguridad en los ejercicios de equilibrio estático y dinámico
- Coordinación visomanual
- Control progresivo del propio impulso
- Organización del espacio a través de su cuerpo
- Interiorización y utilización del ritmo en los diferentes contextos

Dimensiones:

El cuerpo	Hábitos motrices	Posturas corporales	La respiración	El cuerpo en contextos sociales
Habilidades genéricas	Actuación responsable y consecuente	El gesto	La alimentación	Visión de perspectiva
Habilidades específicas	Comunicación corporal	Valoración del otro y del yo	El descanso	Divergencia en soluciones motrices
Autoevaluación	Expresión corporal	Cuidados del cuerpo	El sueño	Otros...

En el modelo **Educar con 3 Ces: capacidades, competencias y corazón,** las competencias se recopilan en la programación «sustantivadas», como habilidades; los tiempos verbales, en infinitivo, se los reservamos a los objetivos (las capacidades), como ya se ha comentado con anterioridad.

Recoger las citadas dimensiones en la programación significa dar prioridad y visibilidad en momentos concretos a dimensiones concretas; no supone recoger todas las dimensiones en todas las programaciones. Aunque esta opción no «miente», puede ser poco operativa. El objetivo es que el docente que diseña e implementa una programación concreta tenga en su mente, de forma clara, las habilidades para entrenar de forma prioritaria: en no más de un folio, «todas» las dimensiones de competencia.

No hay indicadores de logro por competencia o dimensión asociados a nivel educativo, ya que esto se podría convertir en un currículo «por conductas», lo que llevaría como consecuencia una imposibilidad de atender a la diversidad, potenciar fortalezas y dar igualdad de oportunidades.

Definir conductas asociadas a logros competenciales y, por tanto, a contenidos y recogerlos en los criterios de evaluación significa cerrar el currículo; dejar fuera del sistema a muchos niños y niñas que, en otra estructura de respeto por la heterogeneidad, tendrían éxito seguro.

Los objetivos de aprendizaje

Estos son los referentes del aprendizaje, en términos de **capacidades.**

Las capacidades son potencialidades ilimitadas en niños y niñas. Solo las limitan nuestras expectativas de adultos y las «creencias» ancladas en la vida escolar como verdades absolutas, aunque solo son creencias.

En la normativa, se recogen estas capacidades desde una estructura epistemológica, por asignaturas. Es una manera. Solo consiste en recopilar lo propuesto por la norma para cada una de las asignaturas de las diferentes etapas, dándoles color del centro, con sus necesidades y fortalezas.

En estos objetivos, se deben recoger los diferentes niveles de comprensión; para ello, se puede utilizar cualquier taxonomía y serán los que se concreten en los objetivos didácticos de cada una de las situaciones de aprendizaje o unidades.

Algún día me gustaría ver cómo estos objetivos no se diseñan relacionados con asignaturas y sí con capacidades.

Los objetivos recogidos en la norma para cada etapa nos deben servir de referencia y, sobre ellos, deben aparecen todas las variables de las que hemos hablado en los puntos anteriores, las bases pedagógicas del proyecto educativo y las variables del contexto, la identidad del centro y las metas o finalidades definidos.

Estos objetivos pueden reformularse de forma globalizada, interdisciplinar, transdisciplinar; con transversalidad en diferentes proyectos... La flexibilidad es grande si se diseñan al servicio del aprendizaje y no al servicio de la enseñanza.

Los contenidos. Saberes

Son los más conocidos, los más controlados por adultos...: la solución, el problema..., la verdadera fuente epistemológica del currículo, estructurados para la norma por asignaturas, pero quizá demasiado anclados en siglos pasados... De nuevo, nos encontramos con las creencias y las costumbres...

¿Por qué no se estudia Derecho en primaria? ¿Por qué no Medicina? ¿Por qué se repiten los contenidos una y otra vez durante las diferentes etapas...? ¿Por qué no se integra en el currículo Psicología o Cocina...? Preguntas de este tipo podrían llenar folios y folios..., pero nadie cambia lo que siempre ha sido de ese modo. Sobre todo, nadie cambia lo que se supone «que controlan» los adultos en la escuela.

Hasta 1998 (nacimiento del motor de búsqueda Google), la información estaba organizada por disciplinas, por asignaturas... A partir de ese momento, la información se universalizó, se desorganizó y se reorganizó..., pero la escuela sigue igual...

En la **programación, es necesario recoger los contenidos como referentes, como constructos culturales.** Son un elemento de ayuda al profesorado y al alumnado, también a las familias. La propuesta es recogerlos a modo de mapa conceptual, mapa mental o cualquier organizador que, en no más de una cara de folio, nos recoja la esencia de contenidos de una asignatura o nivel escolar.

En estos esquemas de referencia, quedan implícitas todas las dimensiones de contenidos: conceptos **(saber),** procedimientos **(saber hacer)** y actitudes **(saber ser y estar).**

Se trata de establecer una selección de contenidos. Seleccionar es conocer, reconocer, priorizar y ordenar. Esta selección debe estar relacionada con los niveles de comprensión establecidos en los objetivos y no perder de vista que son medios para el desarrollo de las capacidades y el fortalecimiento en la adquisición de competencias. En muchas ocasiones, existen muy diferentes caminos en relación con contenidos para el desarrollo de las mismas capacidades e iguales competencias.

En un proceso de selección de contenidos, se deben establecer diferentes niveles en su profundización. Es interesante diferenciar entre los contenidos imprescindibles (los básicos, los fundamentales, aquellos por los que empezar), los contenidos deseables (centran la media, la base de lo culturalmente aceptable) y los contenidos increíbles (los opcionales, los que pueden ser muy diferentes en cada caso, cada grupo y cada alumno o alumna).

Por otra parte, y siempre de forma integrada en la totalidad de la selección de contenidos propias de las áreas o asignaturas, es necesario integrar los contenidos relacionados o definidos como valores.

La sociedad «líquida» nos demanda también la incorporación de valores en nuestros currículos como elementos de tratamiento trasversal, contenidos que hacen referencia a la realidad y a los problemas sociales:

- Fortalecimiento del respeto a los derechos humanos y libertades: convivencia, roles, democracia, Constitución, derechos, deberes, comunicación, cooperación, normas, Convención de Derechos Humanos, personajes, paz, respeto, conflicto...

- Igualdad real y efectiva entre hombres y mujeres: igualdad y diferencias entre hombres y mujeres, distribución de roles y tareas, estereotipos, sexo, género, lenguaje, coeducación...

- Adquisición de hábitos de vida saludable y deportiva hábitos, rutinas, vida saludable, alimentación equilibrada, prevención, deporte, higiene y salud, educación sexual, educación para evitar dependencias, actividad física y descanso, salud mental, prevención de accidentes...

- Respeto medioambiental: cuidado, contaminación, limpieza, ahorro energético, reciclaje, reutilización, preciclaje, respeto a la naturaleza...

- Educación para el consumo: consumo razonable, necesidades primarias, publicidad...

- Educación vial: señales de tráfico, la circulación, conductores, pasajeros, peatones, policía, los accidentes...

- Respeto por la interculturalidad: países, cultura, gastronomía, ropa, manifestaciones culturales, respeto a la diferencia, riqueza cultural, diferencias y similitudes con otras culturas...

- Utilización responsable del tiempo libre y ocio: organización y gestión de tiempos, actividades, propuestas deportivas, propuestas culturales, el juego, la pandilla, la familia, las nuevas tecnologías...

La característica más significativa de estos contenidos transversales es que cruzan todos los elementos del currículo e impregnan el proceso de enseñanza-aprendizaje.

En la solicitada selección de contenidos, debe quedar todo reflejado, de forma simple, clara, de modo que se recoja la totalidad de contenidos, con todas las dimensiones y valores. Debe presentarse de forma comprensiva para todos los sectores de la comunidad: profesorado (de todas las etapas y asignaturas), familias y alumnado; en ocasiones, también otras personas que participan en el centro como voluntariado.

Metodología

El pedagogo que camina a la sombra del templo, en medio de sus discípulos, no les ofrece su sabiduría, sino, más bien, su fe y su afecto. Si él es sabio de verdad, no os pedirá que entréis en la casa de su sabiduría, sino que os guiará hasta el umbral de vuestro propio espíritu.

(Jalil Yibrán)

La **metodología** está considerada como **elemento fundamental** en cualquier proceso de planificación educativa, ya que de su implementación obtendremos la adquisición de habilidades-competencias. En ella, se sintetiza el **hacer** del proyecto.

Las competencias solo se evidencian en la realización de acciones en un contexto o situación particular. Las competencias no son independientes de la acción en la que se manifiestan. Se desarrollan a través de la acción y la interacción en contextos concretos, tanto formales como informales.

Las competencias se hacen efectivas siempre en forma de habilidades. Esto significa que, sea cual sea la estructural mental subyacente, las competencias se evidencian mediante «esquemas de acción». Por otra parte, la conformación de la estructura mental subyacente a una determinada competencia, para que pueda hacerse efectiva, requiere dos condiciones: un pensamiento crítico-holístico y un enfoque integrado de la realidad. La clave del modelo educativo **Educar con 3 Ces es la metodología.**

A) ¿EXISTE EL MÉTODO?

Hablar de metodología no es igual que hablar de método. El método está definido y es cerrado. La metodología es la forma de hacer. La metodología es la evidencia de la didáctica, del **hacer.**

Referirnos a estrategias metodológicas es referirse a una secuencia de acciones de enseñanza-aprendizaje (que incluyen todos los elementos del currículo) que utiliza el profesorado en su docencia con un fin determinado.

Esta secuencia debe ser ordenada a la vez que flexible, susceptible de adaptación, en función de cualquier variable que pueda aparecer. Cada docente debe utilizarla según realidades y necesidades.

En los centros educativos, hay factores que condicionan e inciden en la metodología, y lo hemos de tener en cuenta en el momento de analizar qué estrategias metodológicas son las más adecuadas.

No existe ninguna fórmula mágica: en el mundo de la educación, no existen las recetas elaboradas; es un mundo de corazón y de imaginación, muchas horas de estudio, de preparación y una manera especial de mirar: «con ojos de niño».

El protagonista siempre es quien aprende.

Nunca quien aprende debe supeditarse al método o a quien enseña.

Los métodos o estrategias metodológicas o educativas se tienen que subordinar a las condiciones psicológicas de quien aprende y sus fortalezas. Igual sucede cuando nos referimos al docente; al adulto que planifica y enseña, a la vez que aprende.

Este razonamiento nos lleva a la conclusión de que, en la práctica pedagógica, no se aplican en estado puro los métodos didácticos descritos en las diferentes corrientes, puesto que se trata de modelos ideales y teóricos basados en corrientes filosóficas y psicopedagógicas útiles en la práctica educativa solo como referencia.

La experiencia conduce a los docentes a adecuar el modelo del método a su propia realidad, extrayéndole importancia e innovando los aspectos técnicos de aplicación. Una metodología determinada es una opción que toma el profesorado, y se interrelacionan en ella todos los elementos de la programación: objetivos, contenidos, actividades, recursos, etc. (Zabala).

No existe, como a veces se ha pretendido, en el método didáctico una única y sistemática secuencia de pasos, así como tampoco hay un solo método. Y la metodología puede variar según el contenido, el alumnado, el profesorado, los objetivos o el contexto. La mayoría de los métodos didácticos van de lo simple a lo complejo (deducción), de lo concreto a lo abstracto (inducción) y de lo inmediato a lo remoto.

Siguiendo a Díez Navarro (2002), podemos definir la metodología como «el conjunto de decisiones que se han de tomar para orientar el desarrollo en el aula de los procesos de enseñanza aprendizaje, para contribuir al logro de los objetivos generales».

Plantearse una metodología supone tener claro cuál es la idea educativa que tenemos respecto al modelo educativo «soñado». La metodología es el aspecto que más trabajamos en nuestra labor docente aunque, a veces, no seamos conscientes de ello. La metodología es el «cómo lo hacemos». Y, mejor o peor, plasmada en un papel o en la cabeza, rutinaria o reflexionada, todos la programamos.

Las actividades que proponemos, los espacios que diseñamos, los tiempos que proyectamos, las relaciones que permitimos o los materiales que utilizamos tienen un sentido: pertenecen a un «todo» y están relacionados con los resultados que obtenemos, con el clima que percibimos y las sensaciones que vivimos en el día a día.

Por tanto, dentro de la metodología, tal y como se recoge en el esquema general de la programación, se van a tener en cuenta los siguientes elementos: principios metodológicos, estructura de las unidades didácticas, clima del aula y relaciones interpersonales, agrupamientos, espacios, tiempos, materiales y recursos, papel del profesorado, del alumnado y de la familia y tipos de actividades.

B) PRINCIPIOS METODOLÓGICOS

Entendemos por «principios» aquellos «fundamentos que debemos tener en cuenta para ayudar a los alumnos a que logren los objetivos y desarrollen sus capacidades» (Zabalza, 1988). Nos sirven para descubrir y organizar qué contenidos y actividades son los más convenientes para guiar al niño en sus aprendizajes:

- Asegurar la relación de las actividades de enseñanza y aprendizaje con la vida real del alumnado, partiendo de las experiencias que posee. Experiencias no son exclusivamente contenidos.

- Diseñar situaciones de aprendizaje, que permitan al alumnado establecer relaciones sustantivas entre los conocimientos y experiencias previas a los nuevos aprendizajes, sabiendo que esta relación no es necesariamente epistemológica.

- Favorecer la interacción alumnado-profesorado y alumnado entre sí, para que se produzca la construcción de aprendizajes y la adquisición de competencias.

- Potenciar el interés espontáneo del alumnado en el conocimiento de los códigos convencionales e instrumentos de cultura.

- Tener en cuenta las peculiaridades de cada grupo, los ritmos de aprendizaje y los estilos de cada estudiante, sus intereses y fortalezas para adaptar los métodos y los recursos a las diferentes situaciones.

- Proporcionar continuamente información al alumnado sobre el momento del proceso de aprendizaje en que se encuentra, haciéndole tomar conciencia de sus posibilidades y de las dificultades por superar.

C) EJES METODOLÓGICOS

Teniendo en cuenta los principios metodológicos anteriores, la metodología del modelo **EDUCAR CON 3 CES** está vertebrada por los siguientes EJES:

C.1) Relaciones interpersonales

C.2) Rol docente

C.3) Rol del alumnado

C.4) Tipo de unidades

C.1) Relaciones interpersonales

Hacer escuela, hacer educación con todo lo que esa palabra significa, hacerlo desde la calidad soportada por la utopía de la palabra educar necesita la colaboración de todos los profesionales y de los miembros implicados en la comunidad educativa. Por lo tanto, hemos de procurar su participación y la asunción de objetivos y estrategias de intervención comunes, entre todos los sectores de la comunidad educativa.

Educa toda la comunidad y se educa toda la comunidad. Estas relaciones deben facilitarse de la propia programación de aula que, al final, es la herramienta que da vida a la escuela, la que pone en práctica los fines y los principios.

C.2) Rol docente

No podemos olvidar que el profesorado es un sujeto activo en una experiencia en la que se ve implicada no solo su yo profesional, sino también su sensibilidad, su capacidad emotiva, su imaginación y su fantasía. Y esto no solo por lo que respecta a su relación con el alumnado, sino también con el resto del personal del centro y el entorno.

La función docente es la de aprender; para ello, necesita tener una actitud de desaprender: su función es escuchar, sorprenderse y provocar en su alumnado la pregunta y la curiosidad.

En la función del profesorado, relativa a su relación con el alumnado, no se debe crear únicamente una adecuada estrategia con la que motivar al alumnado para conseguir un buen desarrollo de competencias, habilidades y capacidades, sino sobre todo se debe crear la atmósfera de complicidad en la que, en la relación profesorado-alumnado, se busque el placer de hablar, pensar, inventar y jugar juntos.

Se necesita, por tanto, a un maestro o maestra cercano, cómplice, que pueda ser alumno con el alumnado, en una constante interacción comunicativa y reflexiva, docente, no solo comunicativa, sino también comunicadora, ya que la escuela es un lugar de continua relación entre personas.

Sin embargo, como nos dice Trueba (2010), «es importante que se desarrolle ese sexto sentido para saber escuchar con nuevos oídos las propuestas de los alumnos/as, nuestros alumnos». Debemos hacer realidad una escuela que sobre todo escuche, porque la escucha es una forma activa, muy activa de ser.

Para J. A. Fernández Bravo:

> Escuchar es tener en cuenta al niño, es respetarle, es entender que él no falla de forma intencionada, sino que siempre hay un porqué detrás, que tú como adulto deberás averiguar para encauzarlo y evitar ese error. Esto es lo grande del maestro que escucha.
>
> «Enseñar desde el cerebro del que aprende» es marcar la diferencia de una mirada, entre el que se preocupa por saber cómo se enseña y que los demás aprendan, y la diferente mirada del que quiere saber cómo se aprende, para saber cómo se enseña. «Enseñar desde el cerebro del que aprende» implica aprovechar los avances neurocientíficos, científicos, pedagógicos, y psicopedagógicos, porque si ya sabemos que se aprende de una determinada manera, y la escuela no respeta los factores que favorecen el aprendizaje, entonces no generamos ningún conocimiento. Muchas veces me dicen «yo les enseño, pero ellos no aprenden», y yo digo «eso es imposible», porque enseñar es ante todo producir aprendizaje.
>
> También es necesario respetar el «tú» que son los alumnos, y no el «yo» que quiero que sean, y las metodologías que se utilizan últimamente hacen más de lo mismo, pero de diferente manera. Disponemos de una tecnología muy avanzada, con unos recursos y unos instrumentos muy buenos en el aula..., pero esos instrumentos y esos recursos yo los puedo utilizar de la misma manera que una tiza y una pizarra tradicionales: diciéndote qué hay que hacer y cómo hay que hacerlo, sin ofrecerte una alternativa de pensamiento, guiando tus pasos: así se suma, así se coloca, así se calcula...

⌄ esa forma de actuar no genera conocimiento, y no favorece lo que yo denomino complejo vitamínico de actualización educativa, que es: primero creer en sí mismo, querer hacer para descubrir, para obtener conocimiento, para comprender, para conocerse a sí mismo, y para crear, que es el último estado más elevado del ser humano.

C.3) Rol del alumnado

En el modelo **Educar con 3 Ces,** el alumnado es el protagonista. Es como en la saga de Harry Potter, en la escuela de magia Hogwarts. Los protagonistas son los niños y niñas, los aprendices de magos; sin ellos, sin sus riesgos, sin sus juegos, sin «sus horas libres», no «habría película».

En el modelo **Educar con 3 Ces,** el alumnado no es actor secundario; es protagonista.

Hoy sabemos que «solo se aprende aquello que se ama» (Mora, 2015), y que esto depende de la relación que establecemos de forma sistémica entre todos los elementos y personas de la escuela.

Hoy sabemos que se aprende desde:

La confianza, seguridad, serenidad, calma, control o satisfacción: la sensación de controlar y dominar la situación, las sensaciones que se experimentan y la comprensión del mundo, el mundo cercano y el mundo lejano; la imaginación del «no fracaso» en lo que se propone, y de que los adultos serán amables, que aman a su alumnado por quienes son y no por lo que hacen.

La curiosidad: la sensación de que descubrir cosas es algo positivo y conduce al placer. Activa el cerebro. Solo es posible aprender desde las preguntas.

La intencionalidad: el deseo y la capacidad de producir un impacto, y de actuar al respecto con persistencia. Esto está relacionado con una sensación de competencia, de ser eficaz.

El autocontrol: autonomía, sentir la conquista de sí mismo y del mundo desde las propias decisiones, sensación de control interno.

La relación: comprometerse con otros, la sensación de ser comprendido y de comprender a los demás, admiración.

La capacidad de comunicación: el deseo y la capacidad de intercambiar verbalmente ideas, sentimientos y conceptos con los demás. Esto está relacionado con una sensación de confianza en los demás y de placer en comprometerse con los demás.

La cooperatividad: equilibrar las propias necesidades con las de los demás en una actividad grupal.

El papel del alumnado es ser protagonista de su propio aprendizaje: aprender a elegir y elegir, aprender a pensar y pensar, preguntar...

El rol del alumnado de la escuela del siglo XXI es aprender a pensar, aprender a elegir y, por tanto, la clave está en aprender a preguntar.

C.4) Tipos de unidades → SITUACIONES DE APRENDIZAJE

Este es el apartado que tiene la clave de EDUCAR CON 3 CES.

Una unidad didáctica/situación didáctica/situación de aprendizaje/unidad integrada... es una entidad básica de programación del proceso de enseñanza-aprendizaje, diseñada al amparo de uno o varios modelos teóricos y con un contexto práctico de aplicación.

Es una unidad de trabajo con duración variable, con la cual se organiza la práctica docente en el aula y en la que se integran todos los elementos necesarios.

Es una unidad de trabajo relativa a un proceso de enseñanza-aprendizaje, articulado y completo. En ella se deben precisar,

por tanto, los contenidos, los objetivos, las actividades de enseñanza-aprendizaje, las competencias, los criterios de evaluación
y las actividades para la evaluación. Su origen puede residir en
la necesidad de encontrar una fórmula capaz de armonizar, de
manera eficiente, la práctica de la enseñanza y el aprendizaje, y
guiar de modo eficaz en la actividad escolar.

En la bibliografía pedagógica, se las ha denominado de múltiples
formas, lo que nos ha llevado a confusiones. La unidad didáctica
se ha identificado con un modelo de programación tradicional,
temático, deductivo... y no tendría por qué ser de este modo.
Una unidad didáctica es una unidad de programación. También se
ha llamado «situación de aprendizaje», «tarea integrada», «proyecto», «tema», y muchos otros nombres más... En el modelo
Educar con 3 Ces, se consideran todas **unidades didácticas,**
todas las **situaciones de aprendizaje,** por lo que serán diferen-
ciadas como **tipos de unidades o situaciones.**

En una unidad de enseñanza, se define el proceso por el que el
docente enseña. Se programa la enseñanza.

Una situación de aprendizaje sirve para definir y describir cómo
se aprende. Se programa el proceso de aprendizaje.

Entre los principales tipos de unidades diferenciamos:

1. Unidades temáticas

2. Unidades globalizadas: centros de interés

3. Proyectos

4. Talleres

5. Programas

6. Rincones

7. Tareas generadoras: salidas, fiestas, días de...

Según el enfoque, todas podrían ser unidades de enseñanza y/o unidades o situaciones de aprendizaje.

La clave de este modelo está en la **combinación de varios tipos de unidades en una misma programación.**

Esta combinación se propone en el tiempo. No se trata de una programación que incluye una secuencia ordenada y lineal de unidades. Se trata de **integrar, por una combinación paralela en el tiempo, varios tipos de unidades a la vez.**

A continuación, analizaremos en detalle cada uno de estos tipos de unidades.

Unidades temáticas

Quizá las más conocidas, gracias al mundo editorial de texto. Son un conjunto integrado, organizado y secuenciado que parte de estructuras epistemológicas asociadas a disciplinas y contenidos concretos.

Son conocidas como «temas». Permiten estructurar los libros de texto y, habitualmente, las guías didácticas que los acompañan.

Suelen presentar una **estructura deductiva,** al partir de un concepto, hecho, dato... que se analiza y desarrolla a lo largo de todo el tema. Se parte de lo general para llegar a lo específico, aunque es necesario remarcar que esta estructura puede ser modificada por el docente en su opción metodológica y de desarrollo en el aula de la unidad en cuestión.

Pueden integrar diferentes modelos o paradigmas didácticos.

Resultan especialmente conocidas entre los profesionales de cualquier etapa educativa, menos en la educación infantil, como «unidades didácticas», como si no existieran otras. Las unidades didácticas temáticas surgen a partir de la sistematización en programación del modelo tecnológico, del que hemos heredado en el constructivismo la necesidad de sistematizar al máximo todas las variables intervinientes.

Una de las principales fuentes para la elaboración de estas unidades didácticas es la fuente epistemológica, ya que de ella extraemos la lógica disciplinar que nos permite «dividir» los contenidos de manera comprensible, coherente y, en la mayor parte de las áreas, de forma cíclica y helicoidal, lo que nos permite y permite al alumnado un proceso de construcción significativa de los aprendizajes.

El carácter de este tipo de unidades didácticas es deductivo,

Posibles unidades temáticas (a título de ejemplo):

- La fotosíntesis
- Las ecuaciones
- Los seres vivos
- Los ecosistemas
- El Siglo de Oro y la literatura
- El sustantivo
- La Edad Media
- Otros

Unidades didácticas globalizadas: los centros de interés

Los centros de interés surgen a partir de las ideas de **Decroly**, dentro de los principios pedagógicos de la escuela activa: educación en libertad, adaptación a las condiciones individuales, educación práctica... Y tratan de favorecer la espontaneidad del alumnado, lo que posibilita su desarrollo global, en interacción con el medio. El carácter global e indiferenciado que caracteriza a la percepción infantil llevó a **Decroly** a postular su método global. En un principio, los niños y niñas no perciben los detalles de los objetos, las cosas, etc., sino que captan su globalidad y solo un análisis posterior, como consecuencia de la curiosidad infantil, permitirá obtener dichos detalles.

En este tipo de unidades, se propone el tratamiento de un **conjunto de contenidos, que se agrupan según un tema central, elegidos en función de las necesidades e intereses del alumnado.**

Siguiendo al autor de origen, los centros de interés se convierten, por tanto, en las propuestas de trabajo de aula donde se aúnan las necesidades fisiológicas, psicológicas y sociales del grupo de alumnado al que se dirige, así como el interés y satisfacción de las necesidades infantiles: conocerse a sí mismo y conocer su entorno.

En educación infantil, muchos son los proyectos editoriales y de centros que han trabajado y trabajan en el formato de centros de interés.

Posibles centros de interés (a modo de ejemplo):

- El circo
- El cuerpo
- Las profesiones
- Las estaciones
- La familia
- Los medios de transporte
- Otros

Los proyectos

Son un tipo de unidad de programación, ubicados en el modelo cognitivo-constructivista.

Responden a una intención organizada de dar forma al natural deseo de aprender. Parten de un enfoque globalizado abierto, para provocar aprendizaje significativo, partiendo de los intereses de los niños y niñas y de sus experiencias y conocimientos previos.

Para Kilpatrick (1918), el «proyecto» es una actividad previamente determinada, cuya intención dominante es una finalidad real, que orienta en los procedimientos y les confiere una motivación. Desde esta perspectiva, entendemos el «proyecto» como un plan de trabajo o un conjunto de tareas, libremente elegido por el alumnado o propuesto, en ocasiones, por el profesorado, con el fin de resolver algo en lo que están interesados.

NO HAY PROYECTO SI NO HAY PRODUCTO

Sin olvidar el papel facilitador del profesorado, los contenidos básicos de los proyectos surgen de la vida del centro educativo y generan aprendizajes significativos y funcionales al respetar, de manera especial, las necesidades e intereses de los niños y niñas, que son quienes los proponen a través de la acción mediadora del profesorado. El alumnado se sitúa en un plano de decisión máxima con respecto a la elección del proyecto, siempre y cuando conoce diferentes opciones de elección, y a su mismo desarrollo; son los estudiantes quienes asumen la planificación y ejecución del proyecto, tras el debate de una propuesta y con la participación mediadora o facilitadora del profesorado. La función principal del método de proyectos es la de activar el aprendizaje de los contenidos y habilidades, a través de una enseñanza socializada. En el conocimiento progresivo de la realidad, esta podrá ser transformada o modificada por el alumnado, a medida que vivencie situaciones o actividades nuevas.

De la organización de actividades intencionalmente propuestas surgen diferentes proyectos: los organizados en torno a supuestos prácticos o aquellos otros cuya finalidad es la aclaración cognitiva de dudas planteadas. Kilpatrcik diferenciaba entre los siguientes tipos de proyectos de trabajo:

a. **Proyecto-producto.** Su objetivo es la producción de algo concreto: una cometa, un tren, una maqueta, etc.

b. **Proyecto-consumo.** Se refiere al disfrute producido en el transcurso de una determinada actividad: una fiesta, una composición musical, una exposición, etc.

c. **Proyecto-problema**. Surge de una actividad que conlleva dificultad y trata de responder a una duda o pregunta planteada.

d. **Proyecto de adiestramiento o de aprendizaje específico.** Su objetivo es conseguir un cierto grado de conocimiento o dominio de una técnica.

Los proyectos de trabajo permiten al alumnado adquirir estrategias que lo ayuda a aprender, a analizar y organizar sus actividades, a establecer relaciones entre cosas o fenómenos, a desarrollar habilidades y secuencias de acción útiles para su desarrollo personal y social, a consolidar e interiorizar las competencias básicas, más allá de la especificidad propia de cada área o materia.

Aspectos más relevantes de la organización de un proyecto de trabajo

A. Pensar qué queremos hacer:

- – Elección del tema
- – ¿Qué sabemos y qué queremos saber?
- – ¿Cómo nos organizamos para dar respuesta?
- – Comunicación de ideas previas y contraste

- Mapa conceptual elaborado y consensuado por el grupo-clase: aquí se recoge lo que sabemos, lo que queremos y el procedimiento de trabajo

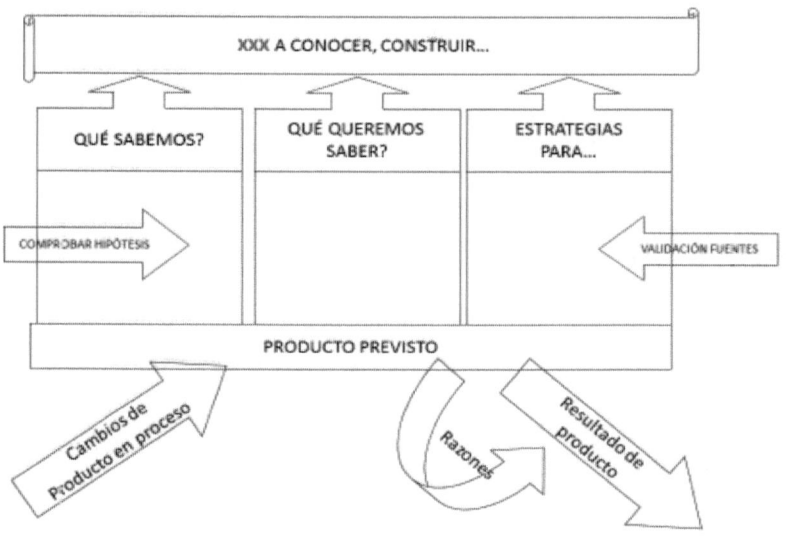

XXX A CONOCER, CONSTRUIR...

QUÉ SABEMOS?

QUÉ QUEREMOS SABER?

ESTRATEGIAS PARA...

COMPROBAR HIPÓTESIS

VALIDACIÓN FUENTES

PRODUCTO PREVISTO

Cambios de Producto en proceso

Razones

Resultado de producto

14

B. Elaboración escrita de una hoja de ruta

- Esta fase se responde por escrito y, si es posible, de forma individual a preguntas como: «¿En qué consiste el proyecto?», «¿por qué hemos elegido ese proyecto?», «¿por qué considero que es viable?», «¿qué es lo que más me interesa del proyecto?».

C. Implementación del proyecto

- Búsqueda de fuentes de información y documentación
- Organización del trabajo (plan de trabajo y subtareas):
  o Del docente
  o Del alumnado

- Realización de actividades:
  o Estrategia metodológica de aprendizaje
- Presentación grupal del producto-proyecto: cierre y síntesis grupal
- Elaboración de un dosier, cierre y síntesis individual
- Otras actividades
- Evaluación de lo realizado: coevaluación, autoevaluación.

La búsqueda de información puede ser de distinto origen: escolar y extraescolar. Facilita el diálogo y el establecimiento de relaciones.

Esta búsqueda de información se secuencia en orden, dificultad y complejidad a lo largo del curso incluyendo en cada proyecto nuevas vías y fuentes de investigación, entrevistas/preguntas a familiares, revistas, enciclopedias convencionales o digitales, libros, cuentos e internet.

En la organización del trabajo, el planteamiento del proyecto incluye la definición de la estrategia: especificar espacios, tiempos, materiales... El alumnado también define la estrategia. Se reparten funciones y roles. Se organizan los grupos. En esta parte del proceso, se debe:

- Definir las herramientas (importancia de los sentidos)
- Dar consignas claras
- Partir de conocimientos previos (no subestimar a niños y niñas ni al contexto)
- Trabajar con metáforas y ejemplos que permitan el principio de transferencia
- Identificar atributos y utilizar gran cantidad de técnicas descriptivas

Una vez recopilada la información y formuladas las hipótesis y las preguntas, se pasa a dar respuesta a las cuestiones planteadas en el «panel organizador».

NO HAY PROYECTO SI NO HAY PRODUCTO

El producto debe quedar muy claro desde el principio. Los productos siempre deben mostrarse. Los productos son trabajos de equipo (clase o pequeño grupo).

La estructura general de los proyectos en el modelo **Educar con 3 Ces** se constituye por la interrelación y complementariedad de diferentes tipos de proyectos (investigación, trabajo, vivencial-perceptivo, etc.):

Proyectos de investigación: ante una pregunta, hipótesis o problema, se diseña una estrategia de investigación para resolver. El producto de este proyecto es un informe, una respuesta, un discurso...

Ejemplo: El cultivo de la fresa en España: ¿cómo? ¿dónde? ¿consumo? ¿comerciliación?

Proyectos de trabajo: como sucede en el de investigación, se parte de un problema, pero la respuesta es un producto construido (objeto, obra de arte, maqueta...).

Ejemplo: Montamos un huerto de fresas

Proyecto perceptivo-vivencial: la propuesta es más directiva por parte del adulto y se trata de vivir una experiencia a través de los sentidos, cuyo producto del proyecto es, precisamente, la vivencia personal y perceptiva.

Ejemplo: comemos fresas, pintamos con fresas, olemos fresas, hacemos infusión de fresa, cocinamos mermelada de fresas, vivenciamos con el cuerpo el crecimiento de una fresa...

Cualesquiera de los citados tipos de proyectos pueden plantearse para un grupo-clase, para un nivel, para un ciclo, para una etapa o para todo un centro.

La temporalización es relativa: puede abarcar desde una semana o varias, un mes o varios, un trimestre o todo un curso.

Puede ser respuesta al trabajo de una asignatura completa o una parte de esta, interdisciplinar o por áreas o ámbitos.

Posibles proyectos:

- Construir un barco que flote
- ¿Por qué flotan los barcos?
- Hacemos un periódico de la época de García Lorca
- Construimos una galería de arte
- Nuestro árbol genealógico
- Los juguetes en la Edad Media
- Otros

Los talleres

Se trata de una planificación de actividades, sistematizadas, muy dirigidas, con una progresión de dificultades ascendente, para conseguir que el niño o niña adquiera diversos recursos y conozca diferentes técnicas que, luego, utilizará de forma personal y creativa: aprender una técnica, interrelacionarse en el grupo, adquirir hábitos de limpieza y orden... En los talleres, se aprenden y practican habilidades concretas.

La planificación y desarrollo del taller encuentra su clave en la secuencia y graduación de las técnicas y los materiales que se utilizan para su desarrollo.

Aunque podemos hablar de talleres puntuales, como actividades de otras unidades de programación, en este caso, hablamos de talleres como unidades didácticas en sí mismas.

La temporalización del taller puede ser variable (sesión diaria, semanal, mensual, trimestral...). El tiempo de duración de la sesión también puede ser variable. Los talleres pueden llevarse a cabo durante todo el curso escolar o durante un periodo concreto (por ejemplo, un trimestre).

Los talleres pueden plantearse para un grupo-clase, para un nivel, para un ciclo, para una etapa o para todo un centro. Podemos hablar también de talleres internivel; de hecho, esta sería la fórmula más adecuada.

Pueden ser respuesta al trabajo de una parte de una asignatura o pueden ser interdisciplinares.

Existe la modalidad de intertalleres cuando la organización de estos implica varios grupos, niveles o profesorado. Estos pueden hacerse de forma rotativa para el alumnado.

La programación por talleres facilita, de forma directa, el desarrollo de competencias, ya que los talleres contextualizan la práctica y desarrollan habilidades concretas.

Posibles talleres:

- Hábito lector, lectura comprensiva

- Escritura funcional

- Escritura creativa

- Prensa, radio y televisión. Cine y cortometrajes

- Lógico-matemático o cálculo

- Huerto o cocina

- Música, baile, *body percussion...*

- Costura, manualidades, maquetas y construcciones
- Arte, pintura, escultura...
- Multiculturalidad
- Ciencias y experimentos
- Oratoria; debate
- Teatro
- Otros...

Los programas

Se trata de una forma de planificación microcurricular, con carácter transversal a la totalidad del resto de microprogramaciones. Se sirve de las actividades de los demás y se trabajan, fundamentalmente, actitudes y procedimientos.

Las metas que se proponen son muy valiosas.

El carácter transversal de los programas requiere de un tratamiento especial, desde lo procedimental y lo actitudinal. La información y la formación como dimensiones complementarias afectarán a todos los agentes del sistema (familia, profesorado, alumnado y otros). Para su desarrollo, se utilizarán dos tipos de estrategias: específicas del programa y propias de otras unidades de programación.

Los objetivos planteados en los programas suelen ser a medio-largo plazo, por lo que el diseño de esta modalidad de unidad será, como mínimo, anual. Suelen plantearse para la totalidad del centro.

La estructura general de los programas partirá siempre de la experiencia previa (el yo individual), para caminar hacia la perspectiva social del programa (nosotros).

Los programas suelen presentar estructuras cíclicas, semanales, mensuales o trimestrales.

Posibles programas:

- Educación emocional y emocionate
- Educación bilingüe
- Educación para la paz y la convivencia
- Educación ambiental
- Educación para la igualdad
- Otros

Los rincones/zonas/ambientes

En muchas propuestas didácticas, son considerados espacios didácticos (dentro y fuera del aula), cuya programación depende de otras unidades y, por tanto, se consideran auxiliares. En **Educar con 3 Ces,** tienen sentido en sí mismos; se programan de forma autónoma, presentando sus propios elementos curriculares aunque, en ocasiones, sirvan de auxiliares a otras unidades o situaciones de aprendizaje

Los rincones han sido clásicos en la etapa infantil. En **Educar con 3 Ces,** se proponen **desde infantil hasta secundaria,** ambas incluidas.

Pueden considerarse la unidad de programación con menos directividad por parte del adulto, permiten el desarrollo autónomo y creativo del alumnado y suponen una forma de compensar aspectos débiles de la programación en general.

Son espacios organizados, dentro del aula, que tienen que ser polivalentes. Están definidos claramente por el material que albergan y la manera de estar esté organizado.

En ocasiones, estos espacios pueden salir del aula y colocarse en pasillos, entradas, aulas polivalentes, etc. Esto permite la libre circulación del alumnado por el centro, a la vez que potencia la autogestión y la autonomía.

Son entornos de aprendizaje estructurados, que invitan al alumnado a participar, interaccionar, manejar, preguntarse, organizarse..., aprender. No existe directividad por parte del adulto y pueden generar gran diversidad de contenidos y de actividades. Implican acción, exploración y actividad.

El profesorado organiza el material, prepara, modifica y, en ocasiones, sugiere. Es observador «casi externo» y facilitador de ayuda, si se lo solicitan.

Pueden estar asociados a signaturas o no. Son polivalentes. Deben tener asignados tiempos fijos en el horario y no ser considerados «actividades bisagra». En cualquier caso, favorecen la toma de decisiones y la autonomía personal.

El alumnado debe conocer, de antemano, el contenido del material del rincón y sus normas de utilización, claras y precisas, lo que no implica directividad en las actividades.

La clave de un rincón es el material; por tanto, este debe ser cuidado y revisado, a la vez que sugerente y, posiblemente, cambiado de forma periódica.

No todos los rincones de aula tendrán la misma disposición y utilidad. En esta propuesta, podemos hablar de rincones que «consumen» tiempo específico de la jornada y rincones que no.

Lo ideal no sería organizar el aula por rincones; sería organizar el centro por zonas, espacios o aulas diferenciados, cada uno de ellos especializado en una dimensión de las inteligencias múltiples (Gardner), pero lo cierto es que no podemos «derribar» nuestros centros y empezar de cero; por este motivo, con ganas, imaginación e ilusión, podremos diseñar los espacios y los recursos para dar respuesta, de la mejor manera posible, a las demandas que se nos plantean, a las ganas de aprender de nuestros niños y niñas y a nuestras posibilidades como docentes de aprender y enseñar.

La propuesta que se sugiere desde el modelo **Educar con 3 Ces** se organiza de la siguiente manera:

- Rincones para organizar el material (no consumen tiempo y organizan la vida del aula). Todas las etapas:
  - De asignatura...
    - o Material estructurado por profesorado específico para utilizarlo durante sesiones concretas y con la dirección docente
  - Personal
    - o Merenderos
    - o Casilleros
    - o Percheros
    - o Taquillas
    - o Espacios específicos para guardar artefactos digitales
    - o Otros
  - Fungible
- Rincones para la estimulación de los sentidos (no consumen tiempo y organizan la vida del aula). Todas las etapas:
  - De naturaleza viva (animales y plantas)
  - De agua
  - De asamblea

- De preciclado (orden de desechos)
- De las estaciones
- De las fechas importantes
- De inglés, francés o cualquier idioma
- De los temas, proyectos, centros de interés...
- De las emociones
- De contar cuentos
- Sensoriales
- Otros

• Rincones de juego simbólico (consumen tiempo y organizan la vida del aula): infantil y primer ciclo de primaria:

- La casita
- La cocinita
- Los bebés
- El hospital
- La peluquería
- El maquillaje
- Los disfraces
- El parque móvil
- Ingenieros, arquitectas y constructores
- El taller mecánico
- La escuela
- La cacharrería
- Los recortables

- La oficina
- Costureros y modistas
- El supermercado
- Otros

- Rincones de actividad autónoma (consumen tiempo y organizan la vida del aula). Todas las etapas:
  - De la biblioteca
  - Del lenguaje y las letras
  - Lógico-matemático
  - De las ciencias y los experimentos
  - Del arte y los artistas
  - De las audiciones
  - De maquetas
  - De arreglos
  - De corte y confección
  - De cerámica
  - De los juegos de mesa
  - De la historia, épocas y personajes
  - De los lugares del mundo
  - De TIC: ordenador, cámaras, impresoras...
  - Otros

No es la mejor manera ni la única. Solo es una propuesta, con la que se pretende sugerir posibilidades en un mundo donde la imaginación, la experiencia, la disciplina estudiada y el corazón son los pilares de una cotidianeidad de todo menos «cotidiana».

Tareas generadoras: salidas, fiestas, días «d»...

Al programar las diversas unidades, hay previsiones generales que solo se concretan en la actividad diaria.

Existen otras unidades de programación —una fiesta o una salida— que, a veces, están asociadas a un proyecto o a una unidad temática y, otras veces, son más autónomas. Los objetivos que se persiguen, los contenidos que se trabajarán, los criterios para evaluar y el tiempo que se dedicará dependen, en gran parte, de si estamos ante una actividad puntual; una actividad que, por sí misma, origina un proyecto o forma parte de un proyecto que la engloba, o de una unidad temática. Además, en el caso de las fiestas y las salidas, a menudo ciertas decisiones de centro determinan lo que se hará en el aula, por lo cual resulta difícil generalizar.

En este tipo de unidades, se ponen de manifiesto multitud de habilidades recogidas en la programación y no deben considerarse, en ningún caso, como actividades superfluas y fuera del currículo.

Deben ser planificadas y evaluadas.

Posibles tareas generadoras:

- Días «d»: derechos de la infancia, Constitución, paz, día de la comunidad autónoma, día del docente, de la familia, del medio ambiente o del libro, Día de la Mujer o Día del Agua...

- Navidad, carnavales y otras celebraciones locales

- Cohesión de grupo (primeros días de septiembre)

- Asamblea

- Exposiciones, presentaciones a la comunidad o celebraciones

- Salidas

- Otros

Para concluir, una propuesta de programación debe dar cabida a todc aquello que se hace en la escuela y a todo lo que es educativo. Veamos, a continuación, algún ejemplo.

ESTRUCTURA COMPLETA DE PROGRAMACIÓN EN LA QUE SE RECOGEN DIFERENTES TIPOS DE UNIDADES DIDÁCTICAS, DIFERENTES TIPOS DE SITUACIONES DE APRENDIZAJE.

Ejemplos de una estructura de programación con diversidad de tipos de unidades

Matemáticas

MENSUALES	TRIMESTRALES	ANUALES
1. Cohesión del grupo		
1. Números hasta siete cifras (tema 1)	10. El dinero en nuestros días (tema 10)	13. Resolución de problemas, enigmas y otros (TALLER) 14. Jugamos con las matemáticas (RINCÓN)
2. Sumar y restar (tema 2)		
3. La multiplicación y su práctica (temas 3 y 4)		
4. La división y su práctica (temas 6 y 7)	11. La representación de la información (tema 15)	
5. Las fracciones (tema 8)		
6. Números decimales (tema 9)		
7. La medida del tiempo (tema 10)	12. Las formas de la vida (temas 5, 13 y 14)	
8. La longitud (tema 11)		
9. Las medidas de capacidad y peso (tema 12)		
1 hora y 30 minutos a la semana (TEMÁTICAS)	1 hora y 30 minutos a la semana (PROYECTOS)	15 minutos, 2 veces a la semana para la unidad 13 1 hora a la semana para la 14

Ciencias sociales y ciencias naturales

TAREA GENERADORA	PROYECTOS DE TRABAJO	TALLERES	RINCONES
1. E tiempo atmosférico y el clima	2. ¿Quién vive en el río Genil? 3. ¿Por qué estamos vivos? 4. Con hueso y sin hueso	10. Las cosas cambian	11. Nuestros espacios científicos (estación meteorológica, ordenador, preciclado, estaciones, de los sentidos, revistas científicas, de naturaleza viva —plantas y animales—, taller de arreglos, maquetas y recortables, de las ciencias y los experimentos
	5. Viaje por España 6. Nuestra comunidad 7. Descubrimos los cambios		
12. Exposición final	8. La historia está en línea recta 9. «Somos (cazadores, egipcios, romanos, caballeros)»		

C.5) El plan de infusión

El «plan de infusión» es una propuesta que se debe hacer desde el equipo directivo a la totalidad del profesorado de un centro y, por tanto, de las programaciones.

En él se recogen las habilidades más significativas del modelo **Educar con 3 Ces:** las relativas al pensamiento, el trabajo en equipo y la regulación emocional.

Cada curso escolar, el equipo directivo debe hacer una propuesta concreta, que incluirá el profesorado en sus programaciones y que se implementará en cada grupo desde las diferentes intervenciones didácticas. Este plan no se propone como suma;

se propone como transformación de la práctica de enseñanza-aprendizaje, a la vez que como rutina de la práctica, rutina que se convertirá en hábito y se consolidará como aprendizaje. Es la forma de entrenar las habilidades.

A continuación, se recoge un ejemplo de plan de infusión. Es un ejemplo; no está todo lo que debe ni es todo lo que está. Cada centro y cada realidad deben estructurar según sus propias necesidades, fortalezas y recursos.

En el apartado donde se desarrollan los diferentes apartados de la unidad didáctica, se concretarán más cada uno de los conceptos del plan de infusión.

Ejemplos de un plan de infusión anual

Las propuestas aquí recogidas son válidas para todos los niveles educativos, de infantil a cualquier nivel posobligatorio.

MES	HABITOS DE LA MENTE	TÉCNICAS Y RECURSOS PARA PENSAR	TÉCNICAS COOPERATIVAS	EMOCIÓN	RETO COLECTIVO	TAREA EMOCIONAL	LA DIFERENCIA RIQUEZA
SEPTIEMBRE	Hacer grupo	Estructura de proyecto	Cohesión de grupo Interdependencia	Seguridad	El baño	acogida	Sin mano
OCTUBRE	Manejo de la impulsividad	Mapa conceptual Titulares	Folio giratorio Mapa conceptual 4 bandos	Curiosidad	Forma de andar por el pasillo	El profe lee	Sin pie
NOVIEMBRE	Escucha con empatía y entendimiento	Diagrama de Venn Veo/toco/escucho/huelo	1-2-4 Páginas amarillas	Miedo	Decoración pasillos	Revisión de tareas	Vista
DICIEMBRE	Sentido del humor	Sombreros Pensamiento paralelo	Lápices al centro El juego de las palabras	Alegría	Por favor	Exámenes	Oído
ENERO	Persistencia	Mapa mental	Parada 3 minutos Cadena de preguntas	Enfado	Gracias	Vídeo	Atados de mano
FEBRERO	Creación, innovación, imaginación	CSI	Dale la vuelta Lectura compartida	Sorpresa	Felicitaciones	Exposición orales	Atados de pie
MARZO	Búsqueda precisión	Compara/contrasta	Todos respondemos Encontrar alguien qué...	Culpa	Estética aula	Juegos	Sin hablar
ABRIL	Recabación de datos con todos los sentidos	Línea del tiempo	Mesa redonda Construir un problema	Asco	Ningún caso a jefatura	Explicaciones teóricas	Sin teléfono
MAYO	Pensamiento y comunicación con claridad y precisión	Partes y todo	Grupo nominal Tareas puzle	Admiración	Silencio	Tareas de expresión plástica	Solo verdura
JUNIO	Apertura aprendizaje continuo	Toma de decisiones	Los pares discuten Te ayudo me ayudas	Tristeza	Cada cosa en su sitio	Presentación de productos	Reto de aula

C.6) Agrupamientos

Los agrupamientos son «el contenedor» más claro de la escuela inclusiva. **La escuela inclusiva es la opción del proyecto Educar con 3 Ces.**

Hablamos de la escuela inclusiva. ¿Cuáles son las condiciones de esta escuela?

1. En **Educar con 3 Ces,** se define «centro» como una «comunidad» al servicio de una comunidad.

2. El currículo se plantea sin indicación de logro al nivel, lo que permite agrupamientos flexibles con diferente nivel de competencia curricular, en función de tareas multicompetenciales y abiertas.

3. Personalización de la enseñanza.

4. Autonomía del alumnado.

5. Posibilitar, con los agrupamientos, el aprendizaje de unos alumnos/as con otros/as.

El trabajo internivel da respuesta a muchos de los tipos de unidades planteados, y la posibilidad de trabajo en grandes grupos con varios adultos es una opción muy factible: el profesorado como pareja pedagógica en la acción docente.

En el apartado de agrupamientos, el modelo **Educar con 3 Ces** se desarrolla en algunos pilares básicos.

Los grupos-clase deben mantenerse todo el tiempo desde su constitución hasta su marcha del centro educativo (siempre de la mano del sentido común). El tutor o tutora debe mantenerse el máximo de tiempo posible con el mismo grupo e impartir el máximo de asignaturas o áreas en dicho grupo. Se trata de conocer mucho más a menos y, por tanto, de avanzar hacia una evaluación real, cualitativa y animadora del proceso, ajustando tiempos sin prisa.

Ninguno de estos planteamientos está reñido con agrupamientos de diferentes edades, bien como grupos-clase o como agrupamientos puntuales, para la realización de talleres u otras actividades.

De igual forma, se proponen **parejas pedagógicas** de docentes, que intervienen en grupos dobles en espacios ampliados.

Se propone también, en este modelo, la convivencia de **tutorías horizontales** (tutor por grupo-clase [de nivel]); en este caso no todo el profesorado de un centro es tutor: con **tutorías verticales** (grupos reducidos de alumnado de diferentes edades con un tutor o tutora de referencia: todo el personal del centro es tutor, también el personal no docente).

C.7) El tiempo

La distribución del tiempo siempre debe ser coherente con el modelo educativo y la organización de jornada, semana, mes, trimestre y curso escolar por tareas en todas las etapas y no por asignaturas, siempre respetando la norma.

Dentro de la organización del tiempo, se tendrá en cuenta el ajuste al ritmo temporal del grupo de niños y niñas, así como el respeto a los ritmos individuales. El ritmo temporal estará en proporción directa a la capacidad del grupo de mantener el interés y la atención centrados en una misma actividad. La organización del tiempo debe ser lo más natural posible, sin forzar el ritmo de la actividad. Un ambiente de aula sujeto a las prisas y a la ansiedad puede deteriorar el clima de relaciones.

> **No son iguales los horarios definidos como control y estructura de los recursos humanos y los horarios por tareas definidos dentro de la programación didáctica.**

Cada uno de los grupos-clase tendrá, dentro de su programación, un horario por tareas y momentos educativos nunca contradictorio con los recursos humanos de los que se dispone en el centro.

En el horario por tareas se incluye, de forma generalizada, la primera media hora de la mañana para el desarrollo de la tarea generadora **(asamblea)**; la segunda media hora, para el desarrollo de un taller **(hábito-enamoramiento lector)** y la tercera media hora, como **taller de resolución de problemas y lógica matemática.**

Se incluye el desayuno dentro del horario (no en el recreo) y como momento educativo en las etapas de infantil y primaria.

El trabajo por proyectos requiere de organización de tiempos de forma flexible.

Todos los momentos educativos, unidades, situaciones de aprendizaje... presentan un corte globalizado (proyectos, talleres, tareas...) y, en ellos, se recopilan todas las asignaturas, tanto de infantil como de primaria y secundaria que se incluyen en la norma.

Es importante tener presente, en todas las organizaciones, espacios específicos de tiempo dedicados al trabajo autónomo e individual, así como al trabajo en equipo.

C.8) Dónde se realizan las actividades: el espacio

Dentro del ambiente que hemos de construir en el aula, hay dos aspectos fundamentales que destacar: la distribución del espacio y la organización y gestión de la clase. La primera nos permite saber dónde nos tenemos que situar los alumnos y nosotros, qué espacios se dedican para cada actividad. La segunda, la organización del espacio del aula, nos permite estudiar las posibilidades de trabajo individual y de pequeño grupo, de grupo-clase, etc., así como nuestra situación y también diferentes posibilidades de configuración del espacio del aula: mobiliario, medios audiovisuales o informáticos, zonas de trabajo individual y, también en este sentido, el espacio asume un aspecto educativo, pues nos permite transmitir contenidos (orden, limpieza, cuidado de las cosas, etc.).

El estudio y la programación del espacio son importantes para la propia movilidad y convivencia del alumnado y de toda la comunidad.

Programar el espacio querrá decir, además de hacer constar dónde realizamos las actividades, una reflexión sobre si el sitio es el más adecuado y sobre sus posibilidades educativas. Un trabajo previo que consista en programar dónde efectuar las actividades nos ayudará a evitar errores y a mejorar cada vez más los espacios que utilizamos en el centro docente:

- **Fuera del aula:** cualquier estímulo transmite, enseña; los estímulos no son neutros y aquellos que aparecen polarizados generan desequilibrio; por este motivo, es necesario planificar la coherencia también en la utilización de los espacios.

En **Educar con 3 Ces,** se consideran todos los espacios del centro como educativos útiles y utilizables...: salas de usos múltiples, pasillos, patios, jardines del centro y cercanos, biblioteca del centro y de la localidad, salitas de trabajo y reunión de pequeños grupos..., posibles aulas de trabajo colaborativo..., talleres específicos..., otros.

Las grandes innovaciones de las últimas décadas en relación a los espacios de la escuela se han observado como vistosas, alternativas, inspiradas en espacios de trabajo compartido de la empresa y basadas en creación de ambientes bonitos, estéticos, agradables y rompedores con la visión de escuela tradicional. Podemos observar espacios inspiradores de este tipo en las propuestas de Rosan Boch, arquitecta que trabaja con el diseño de espacios educativos para empoderar al alumnado creando entornos de aprendizaje para pensadores críticos y creativos; utiliza el diseño como herramienta para el cambio.

Desde **Educar con 3 Ces**, el diseño de espacios debe estar supeditado al proyecto educativo, tener siempre un por qué y un para qué.

Las propuestas atrevidas hasta el momento han tirado los tabiques de las aulas. En el futuro, y es la propuesta ambiciosa de **Educar con 3 Ces**, será necesario «tirar los tabiques de la escuela»; hacer de la ciudad el lugar de aprendizaje por excelencia.

En todas las etapas, el alumnado debería pasar varios días a la semana fuera del centro educativo, fuera de las aulas.

- **En el aula:** el «olor a escuela» y el color del silencio cuando un aula está vacía, su disposición y los recuerdos incrustados en cada centímetro de pared, suelo, techo, ventana, puerta, tablón, silla o mesa... gritan nada más abrir la puerta cuál es el estilo docente que impera en el aula.

Cada modelo de trabajo requiere su aula; cada centro puede tener su estilo...

C.9) Los recursos

«Recurso» es todo aquello que utiliza tanto el profesorado como el alumnado en el desarrollo del proceso de enseñanza-aprendizaje.

Deben estar al servicio de las intenciones educativas; son uno de los factores clave para configurar un planteamiento metodológico eficaz y afectivo.

La diversificación en la utilización de medios, más acorde con el progreso tecnológico de la sociedad en la que vivimos, y en la realidad del centro debe ser una prioridad.

Cualquier opción sobre el material didáctico comporta que este debe ser variado, polivalente y estimulante, de manera que no se relegue a un segundo plano la actividad de los niños y niñas y les permita la manipulación, observación y elaboración, independientemente de la etapa en la que estén.

Es necesario utilizar unos criterios de selección; en nuestro caso se opta por los siguientes:

- Calidad
- Adecuación
- Economía
- Adaptación a los procesos
- Posibilidad de evaluación

Recursos TIC

Las TIC están llamadas a introducirse plenamente en el mundo educativo, del mismo modo que lo están haciendo en los distintos ámbitos de la sociedad. No hablamos de innovación o novedad; hablamos de columna vertebral del sistema. La escuela está pensada para compensar lo que no se da de manera natural, no para lapidar los defectos de la propia sociedad.

Estos recursos no pueden dejar de ser recursos para convertirse en protagonistas.

El psiquiatra francés Serge Tisseron publicó la regla 3-6-9-12, una guía con la que dosificar, por edades, la introducción de las pantallas durante la infancia. La Asociación Francesa de Pediatría Ambulatoria (AFPA) recogió este documento con posterioridad y, actualmente, la mantiene en su web a modo de recomendación.

Tisseron aconseja que no haya nada de pantallas antes de los tres años, no usar juegos digitales antes de los seis, acceso a internet a partir de los nueve y utilización de las redes sociales después de los doce. Este psiquiatra, además, apuesta por construir referencias espaciales y temporales antes de los tres años, descubrir todas sus posibilidades sensoriales y manuales entre los tres y los seis, descubrir las reglas del juego social entre los seis y los nueve, explorar la complejidad del mundo entre los nueve y los doce y comenzar a liberarse de las marcas familiares después de los doce.

En **Educar con 3 Ces** nos atrevemos a concretar aún más la propuesta:

1. Hasta los 3 años las pantallas no existen

   Esto significa que los bebés tampoco nos ven a los adultos manejar las pantallas. Que estas no se utilizan para hacer videollamadas con los abuelos o para ver el vídeo de una canción infantil. Simplemento no existen.

   Esto no significa que el profesorado de este ciclo no las utilice.

2. Hasta los 6 años, consumo pantallas en grupo; nada de videojuegos ni de supuestos juegos didácticos. Nada de tabletas o pantallas pequeñas con manejo autónomo por parte del niño o niña.

3. Hasta los 9 años, nada de ordenadores, tabletas, móviles y otras pantallas pequeñas. Nada de acceso a Internet de forma individual. Seguimos con la propuesta de no utilizar juegos o aplicaciones supuestamente diseñadas para el aprendizaje o juegos de carácter lúdico en soporte digital.

4. Hasta los 12 años, nada de móviles ni Internet en solitario. Nada de redes sociales nominativas.

5. Hasta los 15 años, nada de móviles con contraseña. Es el momento de aprender a manejarse en el mundo virtual siempre con el acompañamiento de las personas adultas. Es el momento de conocer juntos las maravillas de lo digital y de lo virtual, a la vez que los peligros, los límites y las propuestas responsables. Estos contenidos deben constituirse como saberes planificados e intencionados del sistema educativo y de las familias.

C.10) Atención a la diversidad

Las manifestaciones o fuentes de la diversidad en el ámbito educativo son múltiples. La diversidad de experiencias y conocimientos, de estilos de aprendizaje, de intereses, motivaciones y expectativas ante el aprendizaje escolar y las diferencias individuales que es preciso tener en cuenta, tanto en el momento del diseño o programación de la actuación educativa en el aula como durante su desarrollo, son la realidad del aula, de cada aula, de todas las aulas. Se trata de educar desde esta diversidad constatable en cualquier actividad educativa, encaminando la acción educativa hacia la inclusividad, la diversidad como recurso.

Podemos decir que nuestra sociedad, en la actualidad, es una sociedad democrática, libre y plural, en la que conviven personas de diferentes nacionalidades, religiones, etnias, niveles sociales..., pero todos ellos comparten una característica: todos tienen los mismos derechos y deberes frente a la educación; por lo tanto, esta debe adaptarse a sus necesidades e intereses. La diversidad es natural y es una realidad y de este modo debe vivirse en la escuela.

La diversidad de alumnado y profesorado se toma como recurso, de aquí una programación que se caracteriza por ser abierta y flexible, proporcionándonos diversas modalidades de respuestas educativas:

- Los tiempos: flexibilidad en los ritmos, tanto en el trabajo dirigido como autónomo

- Los materiales: multitud de materiales diversificados, con un uso más o menos estructurado

- Los agrupamientos heterogéneos (cuando se pretenda llevar a cabo el aprendizaje entre iguales o aprendizajes cooperativos) u homogéneos (que tendrán un carácter esporádico, no sistemático).

- Las actividades diversas y variadas, para reforzar conocimientos, para profundizar, para ampliar...

- La graduación en la dificultad de la ejecución de las tareas
- La clave de todo ello se encuentra en el diseño de propuestas de aprendizaje sin indicador de logro.

En el aula existen, sin embargo, otro tipo de dificultades o necesidades educativas especiales, y que deben ser atendidas con los recursos necesarios.

C.11) La participación y la convivencia

La propuesta de participación recogida en **Educar con 3 Ces** Es un modelo basado en la Convención sobre los Derechos del Niño y en el proyecto de **Francesco Tonucci** *La ciudad de los niños.*

Consiste en dar la voz a los protagonistas, el alumnado.

La propuesta de participación se desarrolla a través de diferentes canales.

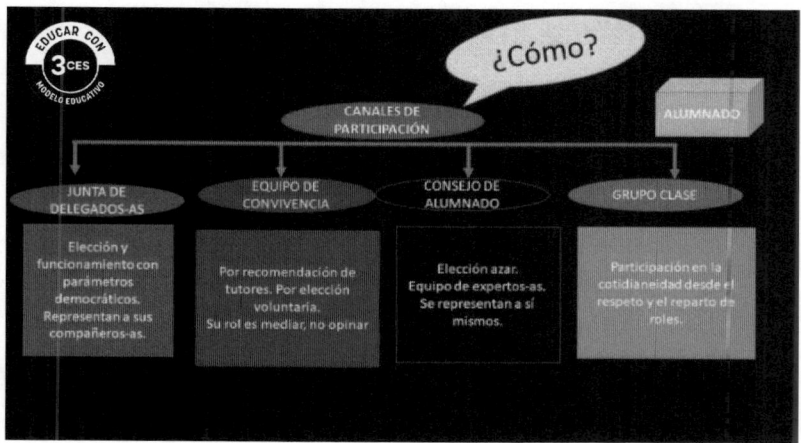

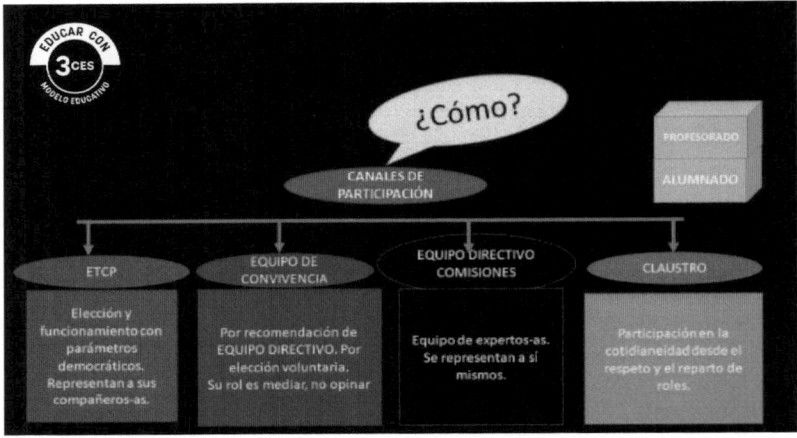

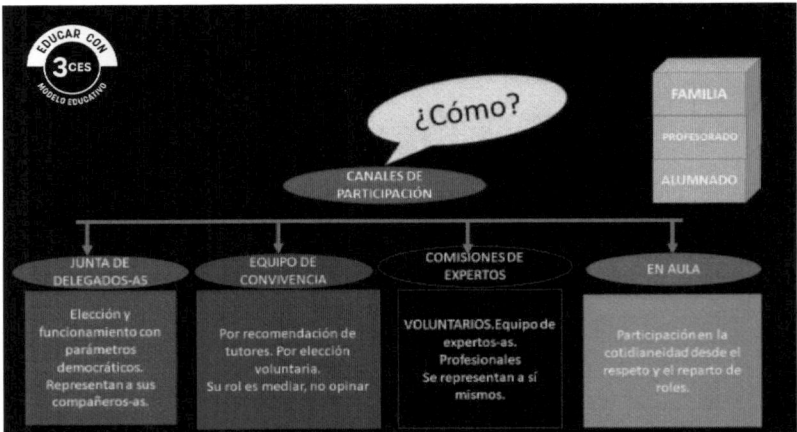

El desarrollo de esta propuesta de forma detallada merece un ensayo diferente. Aquí solo se aportan unas pinceladas con el objetivo de tener una visión completa del paisaje aunque no sea posible el detalle. Este modelo de participación se basa en un concepto de «paz positiva».

La «convivencia positiva» consiste en interactuar con otras personas, reconociéndose mutuamente como tales y basada en la dignidad, los derechos y los deberes, estableciendo relaciones de igualdad y respeto mutuo, fundamentadas en la paz positiva (Galtung, 2003), en las que no tiene cabida ningún tipo de violencia.

Se trata de hacer para construir y no para resolver cuando ya ha sucedido.

La construcción de la convivencia positiva no es casual: todo lo expuesto hasta el momento en relación al mantenimiento de los grupos y el papel de tutores y tutoras.

La implementación de **Educar con 3 Ces** incluye lo que llamamos la UNIDAD 0.

Una unidad de aprendizaje para ser desarrollada durante el primer mes del curso y unos días después de cada período vacacional.

La cohesión grupal es la unificación de las fuerzas de las personas que forman parte de los equipos de un sistema, para alcanzar los objetivos propuestos.

Así, un grupo cohesionado es el resultado de un tipo de conexión interpersonal, que facilita la motivación del talento humano y el alcance de las metas establecidas por parte de un equipo.

La educación en la actualidad tiene tantas puertas abiertas para la mejora, que a veces el vértigo nos paraliza y la confusión nos ubica en «un tiempo de espera» que no aporta demasiado.

El éxito de la implementación de un programa escolar para un curso depende, en gran medida, de lo que se trabaja y cómo se trabaja en los primeros días.

Los objetivos inherentes al diseño y desarrollo de esta unidad son

1. Crear un clima de afecto y confianza, desde el respeto y la disciplina. Generar relaciones de interdependencia positiva.

2. Afianzar la autoridad del docente, como persona adulta. Autoridad desde la admiración y la dignidad.

3. Exponer de forma clara la totalidad de la programación, los objetivos y finalidades que se pretenden.

4. Llevar al consenso y la comprensión las formas de participación dentro del centro.

5. Generar interdependencia positiva en el grupo. Responsabilidad individual. Participación equitativa. Interacción simultánea.

6. Profundizar sobre cómo aprende nuestro cerebro. Funciones ejecutivas.

7. Establecer y potenciar la cohesión en el grupo.

8. Ambientar y ordenar el aula como espacio propio del grupo en el que se aprende desde el afecto.

9. Establecer normas básicas para la convivencia.

10. Diseñar estructura de pequeño grupo (equipo) dentro del grupo clase (equipo base, equipo experto, equipo afinidad).

11. Sentar las bases del trabajo cooperativo, colaborativo y dialógico dentro del aula.

12. Presentar el modelo metodológico al alumnado y a la familia.

13. Realizar una evaluación inicial del grupo destacando potencialidades.

14. Distribuir roles y responsabilidades.

15. Implicar a las familias en el proceso.

16. Presentar las bases de trabajo de cada uno de los tipos de situaciones de aprendizaje que se van a utilizar.

17. Iniciar protocolos de autoevaluación desde procesos de evaluación inicial por talentos y fortalezas.

Estos objetivos solo encuentran su sentido si de mimetizan con cada centro educativo, sus realidades y sus contextos específicos.

Los saberes utilizados como andamios de esta unidad giran en torno a los siguientes:

- Identidad personal
- Identidad del grupo
- Clasificaciones
- Categorizaciones
- Seriaciones
- Secuencias
- Listados
- EL CEREBRO HUMANO. Partes, funciones, interrelaciones. FUNCIONES EJECUTIVAS
- Habilidades básicas del pensamiento
- El cerebro emocional.
- Cerebro humano y autoconcepto. NUESTRAS FORTALEZAS
- Perfil personal de inteligencias múltiples
- Inteligencias múltiples: lingüística, matemática, musical, cinética, natural, visual – espacial, intra e inter personal
- Los sentidos
- Estructura de la programación y tipos de tareas
- Criterios de calificación
- Interdependencia positiva
- Datos y características personales
- Datos, estructuras y roles del centro

- Horario
- Calendario. Mes, semana., día.
- La agenda escolar. PLANIFICACIÓN
- Personas del centro
- Orden, estética
- Roles
- Normas de convivencia
- Proyecto personal
- Encuentro. Despedida

Se trata de facilitar el proceso de toma de conciencia de que el centro educativo es un lugar seguro.

La evaluación del proceso de enseñanza

De igual forma que se plantearon en su momento objetivos de enseñanza, estos deben ser evaluados, junto con el conjunto de toda la programación y todas las unidades didácticas o situaciones de aprendizaje.

Esta evaluación (proceso) se debe fijar, al menos, en los siguientes indicadores:

- La programación: ¿utiliza en diseño e implementación tres o más tipos de unidades o situaciones de aprendizaje?
- Cada unidad o situación de aprendizaje:
  - ¿Utiliza tres o más tipos de actividades?
  - ¿Utiliza tres o más tipos de recursos?
  - ¿Utiliza tres o más tipos de agrupamientos?
  - ¿Utiliza tres o más tipos de expresión?

- – ¿Utiliza tres o más lenguajes para el aprendizaje?
- – ¿Utiliza tres o más potenciales de inteligencia?
- – ¿Utiliza tres o más espacios?
- – ¿Utiliza tres o más niveles de comprensión?
- – ¿Utiliza tres o más instrumentos de evaluación?
- – Otros
- Los objetivos:
  - – Su adecuación a los objetivos generales del centro
  - – Su adecuación a las peculiaridades del alumnado
- Los contenidos:
  - – Validez de la selección, de acuerdo con los objetivos planteados
  - – Su secuenciación
  - – Su adecuación a las fortalezas, capacidades, preguntas y experiencias previas del alumnado
  - – Significatividad funcional
- Las actividades:
  - – Su contribución a la construcción de aprendizajes
  - – Su coherencia con los principios pedagógicos de la etapa
  - – Su atención a la diversidad de capacidades
  - – Adecuadas a los intereses del alumnado
  - – Su grado de adaptabilidad a los distintos ritmos, estilos, potenciales... de aprendizaje
- Los criterios metodológicos:
  - – Su adecuación y coherencia, en relación con los principios psicopedagógicos de la etapa

- – Su adecuación a los objetivos propuestos
- – El clima y las relaciones en el centro y aula, profesorado-alumnado, alumnado entre sí, profesorado-familia, etc.
- Los medios y recursos:
  - – Su uso y rentabilidad
  - – Su adecuación a los objetivos propuestos
- La organización espacial:
  - – Su adecuación del espacio a las necesidades del alumnado
  - – Su coherencia con los principios pedagógicos
- La organización del tiempo:
  - – Su adecuación a las necesidades básicas del alumnado
  - – Su coherencia con los principios pedagógicos
- La evaluación:
  - – Su idoneidad
  - – Criterios de evaluación; criterios de calificación: coherencia
  - – Instrumentos que se aplican
  - – Adecuación de las medidas de adaptación curricular

Todas las personas que participan en el proceso deben participar en esta evaluación, incluido el alumnado.

La evaluación del proceso de aprendizaje

a) Criterios de evaluación

Con la evaluación del aprendizaje, se pretende señalar el grado en que se van desarrollando las diferentes capacidades y la adquisición de competencias, así como orientar las medidas de refuerzo o adaptaciones curriculares necesarias. La evaluación tiene como intención retroalimentar el proceso para hacerlo más fácil, creativo y enriquecedor para todas las personas participantes.

La evaluación tiene, en estas etapas, una evidente función formativa, sin carácter de promoción ni de calificación o etiquetado del alumnado.

La evaluación será global, por cuanto deberá referirse al conjunto de capacidades expresadas en los objetivos generales, adecuados al contexto sociocultural del centro y a las características propias del alumnado. Igualmente, deben tenerse en cuenta las habilidades elegidas en el entorno de cada competencia. Tendrá un carácter continuo, al ser un proceso en el que el tutor o tutora recoge, de modo continuo, información sobre el proceso de aprendizaje. Y, asimismo, tendrá un carácter formativo, al proporcionar una información constante, que permitirá mejorar tanto los procesos como los resultados de la intervención educativa.

La evaluación en estas etapas servirá para detectar, analizar y valorar los procesos de desarrollo del alumnado, así como sus aprendizajes, siempre en función de las características personales de cada uno. A estos efectos, los criterios de evaluación se utilizarán como referentes para la identificación de las posibilidades y dificultades de cada alumno o alumna y para observar su proceso de desarrollo y los aprendizajes adquiridos. Estos criterios serán coherentes y respetuosos con la norma.

Dicha evaluación se realizará, preferentemente, a través de la observación continua y sistemática del alumnado y de las entrevistas con la familia.

Para la evaluación, tanto de los procesos de desarrollo como de los aprendizajes, se utilizarán distintas estrategias y técnicas. Se concederá especial importancia a la elaboración de documentación sobre la práctica docente y las experiencias de aula. Se avalarán y fundamentarán, de esa forma, las observaciones y valoraciones realizadas sobre los procesos de enseñanza y aprendizaje.

La valoración del proceso de aprendizaje se expresará en términos cualitativos, recogiéndose los progresos efectuados por el alumnado y, en su caso, las medidas de refuerzo y adaptación llevadas a cabo.

La evaluación es **criterial,** lo que nos permite tener como referencia las capacidades de los objetivos y, sobre todo, de cada niño y niña.

Con los criterios como referentes, no se debe etiquetar ni calificar; solo sirven para orientarnos sobre aquellos aspectos en los cuales resulta interesante fijarnos con especial atención, para conocer mejor los procesos de desarrollo de los niños y niñas. Los criterios son referentes de observación, independientemente del nivel de competencia curricular del alumnado.

En **Educar con 3 Ces,** los criterios de evaluación se redactan precedidos de la preposición «sobre», y seguido de acciones sustantivadas, lo que permite una respuesta cualitativa.

La mirada siempre puesta en conseguir procesos de autoevaluación ajustados.

Los verbos redactados en infinitivo los dejamos para la potencialidad nunca terminada, que se recopila en los objetivos en términos de capacidades, y la redacción de criterios en modo pregunta no la vemos oportuna, porque puede ser contestada con un «sí» o «no», y el objetivo es la explicación del modo o el procedimiento.

b) Procedimientos de evaluación y criterios de calificación

Para dotar a la evaluación de carácter formativo, es necesario que esta se realice de una forma continuada y no de modo circunstancial, de manera que se haga patente a lo largo de todo el proceso de enseñanza-aprendizaje y no quede limitada a actuaciones que se realizan al final. Solo de esta manera se podrá orientar, de forma realista, en el propio proceso de aprendizaje del alumnado, introduciendo las modificaciones necesarias, que eviten llegar a resultados no deseados o poco satisfactorios.

En el desarrollo de la evaluación formativa, definida como un proceso continuo, existen unos momentos considerados claves **(inicial, continua** y **final),** cada uno de los cuales afecta más directamente a una parte determinada del proceso de aprendizaje, en su programación, en las acciones encaminadas a facilitar su desarrollo y en la valoración de los resultados.

c) Temporalización de la evaluación

Cabe destacar aquí la importancia de la evaluación inicial ubicada en las primeras semanas del curso escolar.

A partir de esta evaluación, se deben describir perfiles de fortalezas del alumnado. Estos perfiles deben ser actualizados durante cada curso escolar.

Este momento, a través de la revisión de informes, cuestionarios, pruebas, entrevistas, observaciones, intercambios de información con compañeros y familia, será el que determine las necesidades, fortalezas, talentos, intereses, pasiones... tanto a nivel de grupo como individual, siempre desde la perspectiva del potencial (Vygotski) e inteligencias múltiples (Gardner) de la pedagogía del éxito, siempre con una «mentalidad de crecimiento» (Carol Dweck), siempre pensamos que las habilidades pueden mejorar con entrenamiento, pasión y esfuerzo.

Evaluación continua: esta evaluación marcará el rumbo de la implementación de la programación.

Al finalizar cada trimestre, se realizará una «evaluación sumativa/final» (registro en boletines e informes) del proceso hasta ese momento, con el fin de «poner» sobre papel, y de forma sistemática y objetiva en la interpretación, lo que se va descubriendo cada día, para buscar alternativas de mejora. Esta reflexión/información le será facilitada a la familia.

d) Técnicas e instrumentos de evaluación

Desde **Educar con 3 Ces,** se propone sistematizar la evaluación desde el máximo de instrumentos posibles, y ajustados a los tipos de unidades o situaciones de aprendizaje.

Y, a través de la observación sistémica como técnica estrella, la información se obtiene y tiene valor. Nos permite emitir juicios y tomar decisiones.

La utilización de portafolios, rúbricas adecuadas a competencias tareas y otros instrumentos sistémicos de observación nos permite revisar tareas del alumnado, analizar cuadernos y trabajos individuales, controlar todo tipo de pruebas (orales, escritas, con material, sin él...), entrevistas, trabajos de equipo, etc.

Adquiere gran importancia la autoevaluación, que va a permitir conocer las referencias y valoraciones que, sobre el proceso, pueden proporcionar los alumnos y alumnas. De esta manera, la información obtenida por otros medios podrá enriquecerse con la inclusión de matices nuevos.

e) Criterios de calificación

Los procedimientos de evaluación del alumnado y los criterios de calificación siempre deben estar en consonancia con las orientaciones metodológicas establecidas.

Cada uno de los tipos de unidades propuestas en la programación y dependientes de las diferentes asignaturas deben tener asignado un «valor» para la calificación final, lo que le otorgará sentido dentro de la programación.

Lo que no se califica no se evalúa, lo que no se evalúa no se valora, lo que no se valora no se trabaja y aprende.

El alumnado debe conocer estos criterios, construirlos en consenso, igual que debatir toda la programación, y conocer de igual forma los instrumentos de evaluación para cada una de las unidades propuestas.

De estos criterios, se deducen las evidencias para la construcción de los instrumentos de evaluación, como las listas de control o las rúbricas.

Cuando tenemos «construida» la programación general/anual de la asignatura..., ahora nos toca construir cada una de las **unidades didácticas o unidades de programación, o situaciones de aprendizaje del modelo Educar con 3 Ces.**

9

APORTACIÓN DE LA PROPUESTA A LA ADQUISIÓN DE COMPETENCIAS

Algún día en cualquier parte, en cualquier lugar indefectiblemente te encontrarás a ti mismo, y esa, solo esa, puede ser la más feliz o la más amarga de tus horas.

(Pablo Neruda)

Algún día en cualquier parte, en cualquier lugar indefectiblemente te encontrarás a ti mismo, y esa, solo esa, puede ser la más feliz o la más amarga de tus horas.

Pablo Neruda

Hemos partido de las dimensiones de competencia más significativas y relevantes y, después de cargar las tintas sobre el proceso metodológico (esencia del trabajo por competencias), el modelo **Educar con 3 Ces** contribuye al desarrollo de las competencias en los aspectos mostrados a continuación.

Competencia lingüística

- Expresión de pensamientos, emociones, vivencias y opiniones, desde una estructuración lingüística personal

- Diálogo completo y complejo, crítico, ético y reflexivo, desde la creación de juicios personales no valorativos

- Generación de ideas creativas y divergentes

- Generación de textos orales (discurso) y escritos cumpliendo las propiedades textuales: adecuación, coherencia y cohesión

- Comunicación como proceso completo: expresión y escucha activa

- Lectura comprensiva-interpretativa-reflexiva de diferentes tipos de textos. Lectura personal como hábito

- Inclusión de vínculos culturales-lingüísticos con el entorno y con otras culturas, desde el respeto por el conocimiento

- Utilización natural del lenguaje coeducativo

- Utilización del lenguaje como instrumento de resolución pacífica de conflictos. Empatía lingüística

- Comprensión y expresión de mensajes orales y escritos en diferentes contextos relativizando lo subjetivo

- Flexibilidad y respeto lingüístico en los diferentes contextos y situaciones diferentes de comunicación

- Escritura comunicativa y creativa adecuada a los diferentes contextos de uso lingüístico, desde el respeto a la gramaticalidad básica

- Búsqueda, recopilación y procesamiento de la información, para convertir esta en conocimiento

- Expresión e interpretación de diferentes tipos de discurso, acordes con la situación comunicativa en diferentes contextos sociales, profesionales y culturales

Competencia matemática y científica

- Utilización funcional de números, operaciones, símbolos, formas de expresión y razonamiento matemático

- Producción, registro, interpretación de diferentes tipos de información: cuantitativos, espaciales y temporales de la realidad

- Resolución de problemas cotidianos desde la interpretación lógico-matemática

- Expresión de la información de manera clara, concreta, concisa...

- Conocimiento de elementos matemáticos básicos: números, medidas, símbolos, elementos estadísticos o geométricos..., en situaciones y contextos reales

- Inducción y deducción como procesos de aplicación en resolución de problemas. Utilización de procesos de razonamiento y obtención de información

- Aplicación del principio de transferencia en estructuras matemáticas y estrategias de resolución de problemas

- Selección adecuada de técnicas de cálculo, representación e interpretación de la realidad y de los problemas. Análisis matemático de la información

- Utilización de la actividad matemática «fuera» de la clase de matemáticas, integrando el conocimiento matemático en el conocimiento, para dar respuestas válidas a situaciones de la vida complejas

- Interpretación crítica (no subjetiva) de los datos. Razonamiento matemático

- Utilización de medios técnicos y herramientas de apoyo adecuados

- Utilización de razonamientos matemáticos para interpretar y producir información, para resolver problemas provenientes de situaciones cotidianas y para tomar decisiones

- Comprensión de una argumentación matemática y expresión y comunicación en el lenguaje matemático

- Interactuación responsable con el mundo físico en todas sus dimensiones, aplicando comprensión de sucesos y predicción de consecuencias, tanto para la vida propia como para la de las demás personas, seres vivos y el planeta en general

- Actuación autónoma y responsable en diferentes ámbitos de la vida (salud, actividad, consumo, ciencia, TIC...)

- Aplicación del método científico a la interpretación de los diferentes fenómenos y los diferentes campos del conocimiento: identificación y planteamiento de problemas relevantes, aplicación de procedimientos de observación directa e indirecta desde un marco teórico o interpretativo; formulación de preguntas, localización, obtención y análisis de datos; representación de la información

- Conocimiento y aplicación de nociones espaciales y temporales de forma diferencial y progresiva

- Reflexión y conciencia crítica de la influencia de las personas en el medio. Toma de decisiones sobre el mundo físico y sobre los cambios que la actividad humana produce sobre el medio ambiente, la salud y la calidad de vida de las personas

- Conciencia del desarrollo como beneficio desde la conservación de recursos, la solidaridad mundial e intergeneracional

- Espíritu crítico ante la información subjetiva. Consumo responsable

- Adopción de aptitudes saludables en todos los órdenes de la vida, para sí mismo y para los demás (salud individual y colectiva)

- Valoración de las conclusiones cuando estas están basadas en pruebas. Creación de argumentaciones científicas y relacionadas

- Identificación del conocimiento disponible (teórico y empírico), necesario para responder a las preguntas científicas, y para obtener, interpretar, evaluar y comunicar conclusiones en diversos contextos (académico, personal y social)

- Planificación y manejo de soluciones técnicas, siguiendo criterios de economía y eficacia, para satisfacer las necesidades de la vida cotidiana y del mundo laboral

- Aplicación del pensamiento científico-técnico para interpretar la información que se recibe y para predecir y tomar decisiones con iniciativa y autonomía personal en un mundo en el que los avances que se van produciendo en los ámbitos científico y tecnológico tienen una influencia decisiva en la vida personal, la sociedad y el mundo natural

- Uso responsable de los recursos naturales, el cuidado del medio ambiente, el consumo racional y responsable y la protección de la salud individual y colectiva como elementos clave de la calidad de vida de las personas

Competencia digital

- Información: búsqueda, obtención, procesamiento y comunicación, para transformarla en conocimiento, utilizando técnicas apropiadas. Utilización de los diferentes soportes informativos: oral, impreso, audiovisual, digital o multimedia

- Dominio de lenguajes específicos básicos (textual, numérico, icónico, visual, gráfico y sonoro) y de sus pautas de descodificación y transferencia

- Aplicación en distintas situaciones y contextos del conocimiento de los diferentes tipos de información, sus fuentes, sus posibilidades y su localización, así como los lenguajes y soportes más frecuentes en los que esta suele expresarse

- Utilización de las nuevas tecnologías en su triple función de transmisoras y generadoras de información y conocimiento, así como herramienta para organizar la información, procesarla y orientarla, para conseguir objetivos y fines de aprendizaje, trabajo y ocio previamente establecidos

- Manejo de estrategias para identificar y resolver los problemas habituales de *software* y *hardware* que vayan surgiendo

- Aprovechamiento de la información, para la mejora de la calidad de vida

- Uso habitual de los recursos tecnológicos disponibles, para resolver problemas reales de modo eficiente

- Permeabilidad y predisposición al cambio y al aprendizaje permanente

Competencia social y ciudadana

- Comprensión, cooperación, convivencia, ejercicio de la ciudadanía democrática en la sociedad cambiante y plural en la que se vive

- Participación, toma de decisiones y elecciones responsables ante determinadas situaciones sociales

- Ejercicio activo y responsable de los derechos y deberes de la ciudadanía

- Comprensión y utilización responsable la realidad histórica y social del mundo, su evolución, sus logros y sus problemas

- Empatía ante la existencia de distintas perspectivas al analizar la realidad. Opinión reflexiva sin juicios de valor acontextualizados de los hechos y problemas sociales e históricos

- Diálogo como propuesta. Ejercicio de una ciudadanía activa

- Conciencia y sentimiento de pertenencia al grupo social al que se vive, desde el respeto hacia los otros y la permeabilidad ante el aprendizaje, en el desarrollo de un sentimiento de ciudadanía global compatible con la identidad local

- Reconocimiento de los aspectos positivos del conflicto como valores de convivencia, en su perspectiva de resolución desde la paz positiva

- Conocimiento de diferentes culturas desde la perspectiva de integración en la evolución global de la humanidad

- Conocimiento, conciencia, evaluación y reconstrucción personal y afectiva de los valores propios de la cultura propia en la que se vive

- Aplicación ética a comportamientos y posturas personales, desde el respeto a principios o valores universales, como los encerrados en la Declaración de los Derechos Humanos

- Empatía cultural y comunicativa en los diferentes contextos sociales

- Toma de decisiones en el contexto de la vida cotidiana, valorando lo personal y lo grupal

- Valoración de la diferencia como enriquecimiento y no como deficiencia, reconociendo la igualdad en derechos

- Construcción, aceptación y práctica de las normas de convivencia, acordes con los valores democráticos, desde los pequeños contextos hasta el ejercicio de derechos, libertades, responsabilidades... y defensa de los derechos universales

Competencia cultural y artística

- Conocimiento, comprensión, aprecio, valoración crítica y utilización de diferentes manifestaciones culturales y artísticas, como fuente de enriquecimiento y disfrute, y considerarlas como parte del patrimonio de los pueblos

- Ejecución de propuestas comunicativas con lenguaje artístico desde el pensamiento creativo, para expresar ideas, sentimientos y emociones propias y de los demás

- Búsqueda de información, fuentes, formas y cauces para comprender y expresar con el arte como vehículo

- Ejercicio de la iniciativa, la imaginación y la creatividad para expresar con diferentes códigos y técnicas artísticos

- Funcionamiento cooperativo en la construcción de la cultura

- Valoración de iniciativas y contribuciones ajenas

- Conocimiento básico de las principales técnicas, recursos y convenciones de los diferentes lenguajes artísticos, así como de las obras y manifestaciones más destacadas del patrimonio cultural

- Aplicación del conocimiento sobre la evolución del pensamiento, de las corrientes estéticas, las modas y los gustos, así como de la importancia representativa, expresiva y comunicativa que los factores estéticos han desempeñado y desempeñan en la vida cotidiana de la persona y de las sociedades

- Valoración de la creatividad, la libertad de expresión, la diversidad cultural, el diálogo intercultural como actitud

- Realización de experiencias artísticas compartidas

Competencia para aprender a aprender

- Toma de conciencia de los procesos que suponen aprendizaje

- Interiorización y conciencia de la importancia del aprendizaje permanente

- Adquisición de la conciencia de las propias capacidades (intelectuales, emocionales, físicas...), del proceso y las estrategias necesarias para desarrollarlas

- Obtención de rendimientos óptimos y ajustados a las capacidades personales

- Utilización de distintas estrategias y técnicas de trabajo intelectual

- Observación y registro sistemático de hechos y relaciones

- Trabajo cooperativo y por proyectos

- Resolución de problemas

- Planificación y organización de actividades y tiempos de forma efectiva

- Conocimiento sobre los diferentes recursos y fuentes para la recogida, selección y tratamiento de la información, incluidos los recursos tecnológicos

- Conocimiento de las propias potenciales y carencias, sacando provecho de las primeras y teniendo motivación y voluntad para superar las segundas desde una expectativa de éxito

- Toma de conciencia de aquellas capacidades que entran en juego en el aprendizaje, como la atención, la concentración, la memoria, la comprensión y la expresión lingüística o la motivación de logro. Planteamiento de preguntas

- Aplicación de nuevos conocimientos y capacidades en situaciones parecidas y contextos diversos

- Planteamiento de metas alcanzables a corto, medio y largo plazo y cumplirlas, elevando los objetivos de aprendizaje de forma progresiva y realista

- Perseverancia en el aprendizaje
- Utilización de la autoevaluación como estrategia

Autonomía e iniciativa personal

- Responsabilidad, perseverancia, conocimiento de sí mismo, autoestima, creatividad, autocrítica, control emocional, autocontrol
- Elección y cálculo de riesgos para afrontar problemas, toma de decisiones y elección con criterio propio
- Diseño e implementación de planes personales en el ámbito personal, social y laboral; conocimiento y conciencia de la planificación en las fases de un proyecto
- Búsqueda de alternativas y soluciones en los diferentes órdenes de la vida y en cada uno de los proyectos vitales que se emprenden
- Identificación y cumplimiento de objetivos
- Actitud positiva hacia el cambio, adaptación crítica y constructiva, empatía
- Habilidades sociales
- Organización de tiempos y tareas
- Espíritu emprendedor
- Liderazgo de proyectos
- Confianza en uno mismo

Competencia emocional

- Construcción de un concepto claro de uno mismo
- Valoración como ser único

- Identificación de emociones diferentes en contextos diferentes
- Manifestación de confianza en las propias capacidades y cualidades, respeto ante las cualidades de los demás
- Reconocimiento de los propios gustos, preferencias, necesidades y deseos; toma de decisiones en consecuencia
- Conciencia clara de las habilidades propias
- Intención y persistencia en la superación de dificultades
- Expresión de cualidades y habilidades de uno mismo, explicitando logros del pasado inmediato; valorarse como miembro de un grupo
- Flexibilidad e iniciativa, utilización de estrategias de autodefensa
- Habilidad para pedir favores y ayuda
- Satisfacción con uno mismo
- Conocimiento comprensivo de las emociones y los sentimientos propios y de los demás
- Control de la impulsividad y aumento de la reflexión ante situaciones cotidianas
- Reconocimiento y responsabilidad de los propios actos
- Interiorización de hábitos y rutinas, establecimiento de normas consensuadas
- Sentimiento de pertenencia a un grupo, control en la expresión de sentimientos agradables y desagradables
- Enriquecimiento de relaciones sociales
- Disponibilidad a aprender y a enseñar cosas nuevas
- Búsqueda y consecución de objetivos comunes en un grupo, resolución de problemas de relación, toma de decisiones grupales

- Asertividad y empatía, comprensión de otros puntos de vista
- Interpretación del lenguaje no verbal
- Desarrollo de procesos de comunicación integral
- Interpretación realista de lo comunicado, resolución de conflictos, tolerancia
- Sentimiento de pertenencia a un grupo, conciencia de enriquecimiento al mundo social
- Dominio en las reglas de una conversación
- Solicitud y ofrecimiento de favores, ayudas, manifestación de quejas, peticiones, agradecimientos...
- Reconocimiento de errores, pedir disculpas de forma apropiada
- Estrategias de autoaprendizaje y disfrute, automotivación y autodisciplina, confianza en uno mismo, autoplanificación
- Percepción positiva de las situaciones, optimismo, atreverse a hacer cosas nuevas, superar las dificultades, tener buena salud
- Decir que no, sin sentir remordimientos ni molestar a los demás
- Expresión de sentimientos, sin sentir culpabilidad
- Flexibilidad en las opiniones, posibilidad de cambio
- Reconocimiento de errores sin vergüenza
- Realización de críticas positivas y constructivas
- Conocimiento de los propios límites y no desanimarse ante los fracasos o errores
- Proteger los derechos de uno respetando los de los demás

- Autoconfianza, vida en sociedad, disfrute y vivencias de paz positiva

- Actitudes de no violencia

- Utilización de formas constructivas de relacionarnos con los demás. Creatividad, asertividad, tolerancia

- Control de las propias emociones y sentimientos. Toma de decisiones autónoma y responsable

Competencia física y motriz

- Estructuración de la imagen corporal propia

- Autonomía personal a través del propio cuerpo

- Tolerancia a la frustración, para comunicar deseos y demandas

- Utilización del cuerpo para expresar sentimientos y emociones

- Vivencia de nuestro cuerpo aceptándonos como somos

- Exploración de las posibilidades de movimiento del cuerpo y sus partes. Juegos con elementos

- Uso de la izquierda y la derecha

- Juegos con esquemas de acción, con destrezas y habilidades

- Realización de movimientos voluntarios con cualquier parte del cuerpo

- Desarrollo de la capacidad respiratoria

- Utilización del espacio y los desplazamientos.

- Dominio de movimientos finos. Procesos de lateralización

- Seguridad en los ejercicios de equilibrio estático y dinámico

- Coordinación visomanual
- Control progresivo del propio impulso
- Organización del espacio a través del cuerpo
- Interiorización y utilización del ritmo en los diferentes contextos

Los indicadores citados deben ser observados en dos dimensiones muy diferentes, aunque obviamente la misma: en las propuestas metodológicas (actividades), ya que son los contextos reales de acción, y en los aprendizajes del alumnado, a través de los criterios de evaluación.

10

UN MODELO DE UNIDAD DE APRENDIZAJE

Después de analizar el modelo de programación, ahora concreta-mos con el análisis del modelo de unidad.

Este modelo se aplica a todos los tipos de unidades (temáti-cas, proyectos, centros de interés, talleres, programas, tareas generadoras...).

A continuación de la tabla, analizaremos cada uno de sus aparta-dos. La numeración que los acompaña es identificativa; **no** indica el orden de realización.

Modelo

OBJETIVOS TENDENCIA DEL PROYECTO EDUCATIVO DEL CENTRO:
1

OBJETIVOS TENDENCIA DE LA ASIGNATURA-AS/ PROYECTO:
2

TEMA: **3**
TÍTULO DE LA UNIDAD: **4**

ACTIVIDAD INTRODUCTORIA: **5**	CURIOSIDADES: **6**

CURSO: **7**	SESIONES: **8**	FECHAS: **9**

COMPETENCIAS	
Lingüística: **10**	Matemática: **11**
Social y ciudadana: **12**	Científica: **13**
Cultura y artística: **14**	Digital: **15**
Aprender a aprender: **16**	Autonomía e iniciativa: **17**
Emocional: **18**	Física y motriz: **19**

NIVELES DE COMPLEJIDAD COGNITIVA (BLOM). OBJETIVOS DIDÁCTICOS: **20**	
1. Conocimiento-Memoria-Recuerdo	2. Comprensión
3. Aplicación	4. Análisis
5. Síntesis	6. Evaluación-creación

CONTENIDOS/SABERES: **21**

ACTIVIDADES TIPO: (los siguientes cuadros recogen una numeración, son cuadros de control, las actividades se describen al final)

Inicio 22	Desarrollo	Refuerzo	Ampliación (enriquecimiento curricular)	Cierre

Reproducción/ literales 23	Conexión/ inferenciales	Reflexión/ valorativos

Estilo visual 24	Estilo auditivo	Estilo cenestésico

Inteligencia lingüística 25	Inteligencia matemática	Inteligencia musical	Inteligencia espacial
Inteligencia natural	Inteligencia cinético-corporal	Inteligencia interpersonal	Inteligencia intrapersonal

RECURSOS				
Correspondencias con temas de texto, si lo hay: 26	Espacios: 27	TIC: 28	Materiales: 29	Agrupamientos: 30

Habilidades y destrezas para pensar (según plan de infusión): **31**	Rutinas del pensamiento: **32** (Según plan de infusión)	Hábito mental: **33** (Según plan de infusión)	Otras técnicas para el entrenamiento de aprender a pensar: **34** (Según plan de infusión)	Habilidades emocionales: **35** (Según plan de infusión)
Técnicas cooperativas: **36** (Según plan de infusión)	Recursos personales excepcionales: **37**	Otros: **38**		

EVALUACIÓN
CRITERIOS DE EVALUACIÓN DE UNIDAD (REFERENCIA A OBJETIVOS DIDÁCTICOS, CRITERIOS DE EVALUACIÓN DE PROGRAMACIÓN GENERAL...): **39**
CRITERIOS DE CALIFICACIÓN: **40** 1. 2. 3. 4. 5.
Evidencias de criterios para rúbricas o cualquier otro instrumento de evaluación: **41**

1	2	3	4	1

Explicación de listado de actividades sugeridas. La numeración no indica orden de realización

Analizaremos cada uno de sus apartados.

1. Objetivos tendencia del proyecto educativo

Es, en el proyecto educativo del centro, donde se dibuja el «sueño», la utopía, el modelo..., pero, a veces, sucede que este documento queda demasiado alejado de la realidad del aula; por esto, se sugiere que, en cada unidad, se recoja un objetivo tendencia para darle visibilidad: no es que el resto se olvide o no se le dé importancia; es que a uno se le da trato especial en esa unidad (el objetivo es no olvidar ni permitir que la costumbre de lo obvio convierta en invisible lo realmente importante).

2. Objetivos tendencia de la asignatura-as/proyecto

Igual que en el apartado anterior, debemos tener la referencia de los objetivos generales de la asignatura, área, materia... (desde la normativa vigente) a la hora de marcar las líneas de trabajo de una unidad: dar visibilidad, priorizar en ningún caso de forma excluyente.

En la suma de todas las unidades, deben estar referenciados todos los objetivos recogidos en la programación.

3. Tema

Se refiere al constructo teórico de contenidos.

4. Título

En ccasiones, el apartado 3 y 4 es el mismo, pero no es este caso. Nombrar una unidad con los contenidos parece pobre, no marca la diferencia, no establece reto, no provoca... Ese es el objetivo del título...: «titular» la unidad.

5. Actividad introductoria

Es comúnmente conocida como «actividad de motivación». En **Educar con 3 Ces,** se entiende que motivadoras deben ser todas y que esta es la que genera las plataformas emocionales de la seguridad, la curiosidad y la admiración, lo que hará plantearse cuestiones y preguntas al alumnado; la que propone retos y marca el camino del aprendizaje y evidencia fortalezas del grupo.

Antes, durante o después de esta actividad, el alumnado debe conocer la planificación de toda la unidad, objetivos, actividades y evaluación.

Esta actividad permite la magia con los más pequeños y las propuestas abiertas con los mayores... Permite modificar partes de lo planificado, ampliar o reducir...

Lluvia de ideas, propuestas de productos, diseño de itinerarios, reparto de funciones, planteamiento de retos...

6. Curiosidades

Cada unidad surge por algo, esconde algo, propone algo...; un algo que va más allá de lo epistemológico o de lo curricularmente admitido: esto es, en ocasiones, lo que las hace grandes...

7, 8 y 9. Curso, sesiones y fechas

Son datos objetivos que necesitamos recoger, ya que programar es distribuir, de la mejor manera posible, los recursos escasos de los que disponemos y, concretamente, el tiempo es el recurso más escaso de todos.

10 a 19. Dimensiones de competencias

En cada uno de estos apartados, se seleccionan unas dimensiones de competencias de las recogidas en programación. Aunque se trabajen muchas (todas), solo se recogen las más significativas, aquellas a las que se les quiere dar visibilidad de forma especial.

20. Objetivos didácticos

Se han de redactar objetivos didácticos concretos, con referencia a los redactados en la programación.

Estos objetivos deben redactarse con diferente nivel de complejidad y comprensión; para ello, podemos utilizar como referente la taxonomía propuesta por Bloom y los seis niveles de complejidad/comprensión.

El equipo de Bloom jerarquizaba el ámbito cognitivo de la siguiente forma: conocimiento, comprensión, aplicación, análisis, síntesis y evaluación y creación.

El Gobierno de Canarias nos ofrece una herramienta interesante para el trabajo en el entorno de la taxonomía de Blom[1].

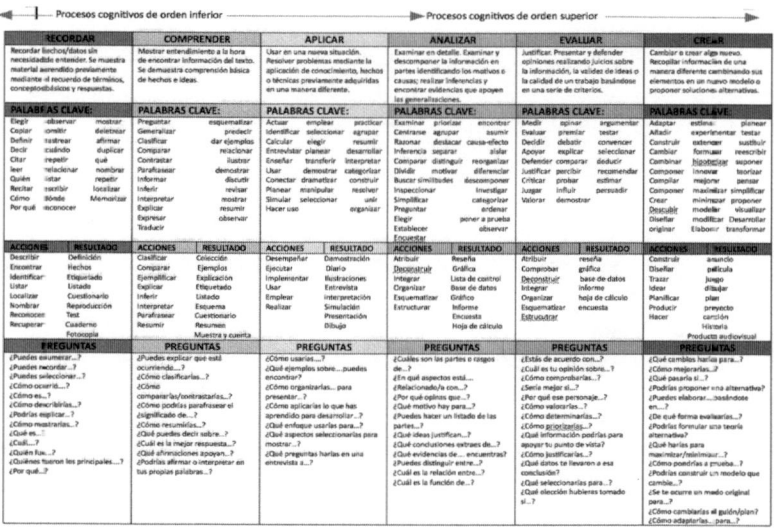

Algunos objetivos pueden estar recogidos en más de un nivel.

---

[1] http://www3.gobiernodecanarias.org/medusa/edublog/cprofestenerifesur/2015/12/03/la-taxonomia-de-bloom-una-herramienta-imprescindible-para-ensenar-y-aprender/

21. Los contenidos/saberes

Se presentarán de forma clara, concreta, concisa, sin taxonomías y, si es posible, a través de organizadores visuales, como mapas mentales, mapas conceptuales, organigramas u otros.

Siendo muy poco generosos en papel, lo más sintéticos posible.

Esta selección de contenidos puede ser modificada por el propio alumnado cuando se le presenta la unidad.

22 a 25. Actividades

Hacemos un listado de actividades, numeradas, pero no necesariamente ordenadas en tiempo o secuencia.

El cuadro nos sirve para hacer un control y ver realmente que la unidad es completa en relación con el modelo propuesto por **Educar con 3 Ces.**

Las actividades son la manera activa y ordenada de llevar a cabo las estrategias metodológicas o experiencias de aprendizaje; unas experiencias determinadas (centros de interés, unidades temáticas, talleres, programas, proyectos, etc.) que conllevarán siempre un conjunto de actividades secuenciadas y estructuradas.

Las actividades son lógicas y estructuradas en función de lo que se persigue.

Las actividades en las propuestas didácticas que se desprenden de este proyecto se estructuran de la forma más abajo expuesta.

22. Según la finalidad y el momento de aplicación en la unidad

- **Actividades de inicio:** se ha de introducir al alumnado en lo que se refiere al aspecto de la realidad que han de aprender. Incluyen indagaciones sobre conocimientos previos. Son las que realizamos para conocer las ideas, las opiniones, los aciertos o los errores conceptuales del alumnado sobre los contenidos que desarrollar.

- **Actividades de desarrollo:** son las que permiten conocer los conceptos, los procedimientos o las actitudes nuevas y también las que permiten comunicar a los demás la labor realizada. En estas, se deben incluir **actividades de consolidación,** en las cuales contrastamos las nuevas ideas con las previas del alumnado y aplicamos los nuevos aprendizajes.

- **Actividades de refuerzo:** en este apartado, no podemos plantear «más de lo mismo». Son las que programamos para el alumnado que no ha adquirido los conocimientos trabajados o desarrollado las habilidades propuestas.

  Están planificadas desde fortalezas para mejorar debilidades. En ningún caso suponen «más de lo mismo».

- **Actividades de ampliación:** son las que permiten continuar construyendo nuevos conocimientos en el alumnado y el profesorado que han realizado de manera satisfactoria las actividades de desarrollo propuestas y, también, las que no son imprescindibles en el proceso, igual que las de refuerzo no son «más de lo mismo».

- **Actividades de cierre:** en ellas, se presentan los «productos», se provocan los anclajes, se evidencian los momentos de metacognición.

  Los ejercicios de metacognición deben realizarse en cada sesión y en todos los momentos de actividades.

23. **Según el tipo de aprendizaje utilizado y el nivel de comprensión**

- **Reproducción/literales:**

  - Acceso e identificación: representan las acciones de recordar y reconocer los términos, los hechos, los conceptos elementales de un ámbito de conocimiento y de reproducir fórmulas establecidas.

Nombrar, definir, encontrar, mostrar, imitar, deletrear, listar, contar, recordar, reconocer, localizar, reproducir, relatar.

– Comprensión: suponen acciones como captar el sentido y la intencionalidad de textos, de lenguajes específicos y códigos relacionales e interpretarlos para resolver problemas.

Explicar, ilustrar, extractar, resumir, completar, traducir a otros términos, aplicar rutinas, seleccionar, escoger.

• **Conexión:**

– **Aplicación:** comporta la aptitud para seleccionar, transferir y aplicar información para resolver problemas con cierto grado de abstracción y la de intervenir con acierto en situaciones nuevas.

Clasificar, resolver problemas sencillos, construir, aplicar, escoger, realizar, resolver, desarrollar, entrevistar, organizar, enlazar.

– **Análisis y valoración:** significa la posibilidad de examinar y fragmentar la información en partes, encontrar causas y motivos, realizar inferencias y encontrar evidencias que apoyen generalizaciones. Se emparejan con el compromiso.

Comparar, contrastar, demostrar, experimentar, planear, resolver problemas complejos, analizar, simplificar, relacionar, inferir, concluir.

• **Reflexión:**

– Síntesis y creación: se corresponden con las acciones de compilar información y relacionarla de manera diferente, establecer nuevos patrones, descubrir soluciones alternativas. Pueden asociarse a la resolución de conflictos.

Combinar, diseñar, imaginar, inventar, planificar, predecir, proponer, adaptar, estimar.

– Juicio y regulación: representan capacidades para formular juicios con criterio propio, cuestionar tópicos y exponer y sustentar opiniones fundamentándolas. En otro orden, se asociarían a acciones de planificación compleja, de reglamentación y de negociación.

Criticar, concluir, determinar, juzgar, recomendar, establecer criterios y/o límites.

24. Según el estilo de aprendizaje utilizado

Todas las personas tenemos sistemas de representación preferidos. Hablamos de preferidos; en ningún caso, de únicos o definitivos. Para aprender algo, utilizamos nuestro propio sistema de métodos o estrategias. Si consideramos el aprendizaje como proceso activo, aprender es elaborar la información por parte del receptor. Siempre aprendemos después de recibir información. Nuestro estilo de aprendizaje preferido, que nunca único, está directamente relacionado con las estrategias que utilizamos a la hora de aprender, con los lenguajes utilizados para comunicar.

Podemos estructurar en visuales, auditivos y cenestésicos; en muchos casos, son preferencias mixtas, en función de experiencias previas.

En cada situación de aprendizaje, deben proponerse tareas, actividades y ejercicios en los que se priorice, en momentos diferentes, Los diferentes lenguajes que conducen a los diferentes estilos.

Todo el alumnado debe sentir el éxito en diferentes momentos.

Tendremos actividades en las que se priorizan los tres estilos y de forma compensada y equilibrada. Esto, por otra parte, nos garantiza la utilización de diferentes lenguajes, lo que nos ayuda a ampliar la mochila de recursos de los docentes.

25. Según la capacidad-fortaleza-potencias (IIMM)

En una serie de actividades para una unidad de aprendizaje, deben existir propuestas desde todas las inteligencias. En alguna bibliografía, se las llama «paleta de inteligencias», en otra escaleta…, en otra mochila…

En definitiva, consiste en dar oportunidades a todos y todas sabiendo que los perfiles de potencialidades son diferentes: diferentes caminos para diferentes aprendizajes.

En este sentido, para el modelo **Educar con 3 Ces,** no es importante si se consideran inteligencias o habilidades. Lo importante son los recursos que nos ofrecen para el diseño de la práctica docente.

Para el diseño de estas actividades, nos puede resultar útil ayudarnos de cualquier menú o propuesta de tareas por inteligencias.

Veamos un ejemplo.

INTRAPERSONAL

- Establecer objetivos personales a corto y largo plazo
- Evaluar su propio aprendizaje a través de un «portafolio»
- Elegir y dirigir las actividades de aprendizaje, usando horarios y líneas de tiempo, así como planeando estrategias
- Tener «registro de aprendizaje», para expresar las reacciones emocionales
- Elegir un valor diferente cada semana, para ejercitarlo durante ese tiempo
- Actividades de dar y recibir cumplidos
- Desarrollar con los alumnos un proyecto de vida
- Estimular a cada alumno para que escriba su autobiografía
- Hacer actividades que favorezcan el autocontrol emocional

- Facilitar espacios para la expresión de emociones
- Realizar retiros espirituales
- Potenciar ejercicios de filosofía personal
- Potenciar el crecimiento de valores
- Favorecer ejercicios de reflexión personal
- Facilitar ejercicios de autoevaluación en las diferentes áreas de la vida

INTERPERSONAL

- Enseñarse mutuamente, trabajando cooperativamente en grupos
- Practicar técnicas de resolución de conflictos, actuando en los problemas
- Criticar mutuamente
- Trabajar juntos en proyectos, para crear habilidades colaborativas
- Comprometerse en servicios de la escuela para desarrollar valores
- Estudiar distintas culturas
- Asumir diferentes posiciones y, después, realizar un debate
- Realizar entrevistas a otros
- Trabajar como aprendices con expertos de la comunidad en diferentes áreas
- Actuar en las diferentes perspectivas de...
- Usar habilidades sociales para aprender sobre...
- Enseñar a alguien sobre...

- En grupo, planear reglas y procedimientos para lograr...
- Ayudar a resolver un problema local o global haciendo
- Usar un programa de telecomunicaciones para...
- Intuir los sentimientos de los demás cuando...
- Jugar juegos de mesa...

LINGÜÍSTICA

- Realizar escrituras rápidas
- Contar historias de cómo sería su vida fuera del colegio
- Aprender vocabulario acerca de diferentes temas
- Realizar un crucigrama sobre...
- Debatir
- Hacer representaciones sobre...
- Crear palabras clave o frases al releer
- Preparar un minidiscurso sobre algún tema
- Usar una palabra que represente un concepto amplio, para escribir una frase con cada letra de la palabra
- Escribir un diario
- Usar la narración para explicar...
- Escribir poemas, mitos, artículos....
- Relacionar un cuento o novela con...
- Crear un programa de radio sobre...
- Crear un boletín informativo sobre...
- Inventar un lema para...
- Conducir una entrevista sobre...

- Escribir una carta sobre...
- Usar la tecnología para escribir
- Escribir la biografía
- Escribir un reporte de un libro
- Sugerir ideas acerca de...
- Investigar en la biblioteca sobre...
- Leer oralmente, individualmente y frente al salón

LÓGICO-MATEMÁTICA

- Plantear una estrategia para resolver...
- Discernir patrones o relaciones entre...
- Sustentar con razones lógicas las soluciones a un problema
- Crear categorías para clasificar
- Inventar cuentos con problemas
- Participar en discusiones que incluyan habilidades cognitivas
- Patrones lógicos: hallar un patrón escondido
- Cálculos/estimaciones/predicciones
- Juegos para pensar/problemas para solucionar
- Pensamiento causal/argumentos
- Experimentos/investigaciones
- Rompecabezas
- Clasificar/comparar
- Secuencias: analizar estadísticas y hechos numéricos
- Trabajar con lo abstracto

MUSICAL

- Poner música de fondo para relajar a los alumnos
- Componer canciones
- Crear instrumentos rítmicos
- Elegir una canción y encontrarle relación con...
- Agregar ritmo a sus presentaciones
- Elegir música de fondo para reportes o presentaciones orales
- Usar selecciones musicales que incluyan patrones de matemática o naturaleza
- Escuchar y analizar canciones sobre...
- Usar vocabulario musical como metáforas
- Escribir la letra de las canciones sobre...
- Cantar una canción que explique...

- Presentar una corta clase musical sobre...

- Escribir un final nuevo a una canción

- Crear un *collage* musical para...

- Reproducir los sonidos del ambiente para...

- Ilustrar con canciones sobre...

- Memorizar la música

- Narrar cuentos o poemas cantados

- Imitar cantantes

- Realizar obras de teatro

VISUAL-ESPACIAL

- Crear una representación pictórica utilizando un cuadro, dibujo o mapa mental

- Crear un *collage* para exponer hechos, conceptos, preguntas, etc.

- Usar gráficos del ordenador para ilustrar

- Crear gráficos de barras

- Diagramar estructuras de sistemas que se interconectan

- Crear trabajos prácticos como vídeos o fotografías

- Crear móviles o diseñar boletines

- Crear álbumes de fotos

- Usar color, forma o imágenes para demostrar...

- Crear pósteres o murales

- Usar un sistema de memoria visual para aprender

- Desarrollar dibujos arquitectónicos

- Crear publicidad
- Variar el tamaño y la forma de...
- Crear código de colores
- Ilustrar, dibujar, pintar o construir
- Usar la fantasía
- Hacer dibujos en 3D
- Jugar con rompecabezas o laberintos
- Visitar museos
- Narrar un cuento imaginario
- Hacer un bosquejo de ideas
- Hacer ejercicios de pensamiento visual
- Crear metáforas visuales
- Hacer mapas y redes conceptuales

CINÉTICO-CORPORAL-FÍSICA

- Actuar cualquier proceso
- Armar modelos de cadenas moleculares, puentes, ciudades, etc.
- Proveer de recreos con simples ejercicios («Simón dice»)
- Crear juegos gigantes de suelo que cubran conceptos de...
- Crear simulaciones
- Buscar información sobre...: «búsqueda del tesoro»
- Proveer de material manipulable para resolver problemas matemáticos o de arte
- Salir de paseo, para ampliar aprendizajes
- Aprender habilidades físicas como bailar

- Hacer una pantomima de lo aprendido
- Crear secuencias de movimiento para explicar
- Realizar coreografías de baile
- Crear o construir un...
- Planear una salida didáctica
- Usar las cualidades de una persona físicamente educada para explicar...
- Crear un modelo de...
- Contestar con el cuerpo a...
- Utilizar el lenguaje corporal para...

NATURALISTA

- Aplicar el método científico
- Cosas para explorar/manipular
- Apreciar y entender la naturaleza/giras/excursiones
- Cuidar/investigar/identificar: plantas/animales
- Observación natural/clima
- Usar microscopio/lupa/telescopio
- Hacer colecciones/usar matrices de clasificación
- Visitas: planetario/museo/zoo/granja/centro de interpretación
- Reconocer especies útiles y peligrosas
- Diario de observación/simulaciones naturales
- Proyectos sobre el ambiente/ver sus reacciones
- Actividades de cuidado del medio ambiente/reciclaje
- Naturaleza: dibujos/fotos/vídeos/maquetas

- Comunicarse con la naturaleza/estimulación sensorial
- Interacción con otros seres vivos
- Actividades al aire libre
- Huerto escolar
- Reconocer patrones que se repiten en la naturaleza

No todas las inteligencias es posible que aparezcan siempre de forma evidente en todas las propuestas. Es importante que aparezcan más de cuatro de las ocho.

26. Correspondencia con el tema del libro de texto (si lo hay)

Las propuestas de aprendizaje pueden diseñarse con libro de texto o sin él. Cuando lo hay, la correspondencia entre tema y unidad didáctica no tiene por qué ser unívoca: tema-unidad. Podemos tener varios temas por unidad o parte de tema para unidad.

27. Espacios

Cabe llevar al aula más sillas y mesas, más tonos verdes. Mucho más que homogeneidad significa asumir que los espacios enseñan, acompañan, acogen... o todo lo contrario.

Se debe recordar aquí el apartado de los rincones.

No olvidar en ningún caso que romper los tabiques de las aulas y los de la escuela es una fórmula para incorporar aire fresco en las propuestas de aprendizaje.

En cada situación o unidad de aprendizaje, deberíamos recoger tres o más espacios diferentes.

28. Tecnologías digitales

Cada situación de aprendizaje debe incluir tecnologías como medio y como objeto de trabajo.

Recordad que la tecnología no son solo pantallas.

Se especifican de forma clara y concreta: lo tangible y lo intangible.

Cada situación debe incluir tres o más.

29. Materiales

Se ha de tener claro, desde el primer momento, con qué materiales se trabajará: no una lista cerrada, solo una previsión.

Siempre se incluirán tres o más materiales de trabajo, lo que implica diferentes fuentes, formatos, texturas, contendores, colores, materia prima, acabados, etc.

30. Agrupamientos

Tipos de agrupamientos:

- Individual
- Parejas (posible tutorización entre iguales)
- Pequeño grupo (entre tres y cinco componentes)
- Grupo medio o grupo-clase
- Gran grupo (por niveles)

Un pequeño grupo «ideal» está formado por cuatro-cinco personas. A continuación, se señalan los factores más importantes.

La riqueza de un grupo depende de su heterogeneidad: la diferencia como recurso.

Cinco personas son suficientes para aportar riqueza y suficientemente pocas como para que haya comunicación. Además, es útil que sea impar, porque los grupos pares son menos operativos para elegir cosas y, en los impares, está la ventaja de que, a la hora de discutir, nunca se empata; siempre hay uno por el que se toma la decisión.

Cuando el trabajo planteado es desde estructuras cooperativas, se propone que los grupos base sean de cuatro personas.

- Grupos de dos personas

  Son muy útiles cuando se quiere crear confianza y comunicación, porque son los menos amenazadores. Si estos grupos luego se integran en grupos mayores, facilitan mucho la situación porque, al tener ya una confianza con una persona, hago las cosas con más libertad y comodidad.

  Tutorización de iguales.

- Grupos de tres personas

  Son muy operativos, porque son impares y la toma de decisión es rápida y, además, al haber pocas personas, hablan todas y no suelen ser amenazantes, porque hay intimidad.

  En cualquiera de los casos, no debemos perder de vista la importancia de los agrupamientos cooperativos.

Un equipo cooperativo —sea de aprendizaje o no— es algo más que un conjunto de individuos que realizan algo juntos. Un grupo de alumnado formará un equipo cooperativo en la medida en que se den las condiciones siguientes:

1. Si están unidos de verdad, si tienen algo que los une fuertemente (pertenecer a un mismo equipo o el objetivo que persiguen...): COHESIÓN.

2. Si hay una relación de igualdad entre ellos, si nadie se siente superior a los demás, si todos son valorados, y se sienten valorados, por las personas de su equipo: INTERDEPENDENCIA POSITIVA.

3. Hay interdependencia entre ellos si lo que afecta a un miembro del equipo importa a todos los demás.

Esto no sucede de forma espontánea; es necesario trabajarlo de forma intencionada.

Cuanto más se den estas condiciones, más cooperativo será el equipo formado por un conjunto de personas, en nuestro caso de alumnado. Así pues, posibilitar que se den estas condiciones, avanzar en la dirección que estas condiciones nos indican, es contribuir a que un equipo de alumnado se convierta, poco a poco, en un equipo cooperativo.

En el modelo **Educar con 3 Ces,** se apuesta por el aprendizaje cooperativo, el colaborativo y el dialógico, cada uno oportuno según la propuesta de enseñanza-aprendizaje.

El modelo cooperativo por el que se apuesta es una propuesta ecléctica entre las aportaciones realizadas por los hermanos Johnson, S. Kagan y P. Pujiolas, entre otros. Por esto, se proponen tres tipos de agrupamientos:

- Equipos base: deben seleccionarse al azar, de cuatro miembros aproximadamente. Estos equipos deben ser estables y «familia». Se trata del equipo que apoya; el que presta, revisa, repara y se ocupa de todos los miembros de su equipo. En pocas ocasiones es el equipo de trabajo.

- Equipos de afinidad: se eligen de forma voluntaria por los integrantes del equipo. Son afines. Son «amigos». Este equipo se utiliza, en ocasiones, para el desarrollo de tareas propicias para este tipo de agrupamientos.

- Equipos expertos: organizados por el profesorado. En ocasiones, la diversidad es el principal criterio del agrupamiento y, en ocasiones, la homogeneidad; depende de la naturaleza de la tarea. Este agrupamiento puede variar según tareas o momentos.

31 a 34. Habilidades y destrezas para pensar, rutinas del pensamiento, hábito mental y otras técnicas para el entrenamiento de aprender a pensar.

Desde la filosofía clásica (Sócrates, Platón, Aristóteles, Descartes, mayéutica, mundo de las ideas, búsqueda de la razón, método Lipman...) hasta nuestros días, el ser humano se propone mejorar su manera de pensar... Pensar es la habilidad universal del ser humano por excelencia, lo que no significa que esta capacidad no sea susceptible de ser entrenada y, por tanto, mejorada...

En esta línea, nos planteamos diferentes escenarios para mejorar las «formas» del pensamiento...

El objetivo es proponer estas prácticas en el currículo diario de forma integrada en el quehacer diario.

La manera de incluirlas en las situaciones de aprendizaje o unidades puede ser variada, pero, en esta propuesta, se pretende destacar; «dar visibilidad», al menos, a una de cada por situación didáctica, lo que no significa que sea excluyente.

Para Lipman, las habilidades del pensamiento son un conjunto de destrezas que se manifiestan dentro del pensamiento de orden superior: pensamiento crítico, creativo y valorativo; razonamiento; indagación; formación de conceptos; traducción; transferencia.

Cada una de estas habilidades se desarrolla en una serie de subhabilidades, que pueden ser incluidas en cada propuesta.

El doctor Robert Swartz nos facilita el trabajo con la presentación de una serie de destrezas susceptibles de entrenamiento en el aula. como este indica, «por infusión»; para ello, es interesante darles visibilidad de forma intencionada en cada situación o unidad didáctica: partes y todo, comparar y contrastar, explicaciones causales, toma de decisiones, resolución de problemas... Y todo ello con destreza.

32. Rutinas del pensamiento

Con respecto a David Perkins, desde su investigación para el desarrollo cognitivo, una de las líneas más aplicadas son las llamadas «rutinas del pensamiento». Se definen estrategias cognitivas bastante fáciles de seguir en los procesos de enseñanza-aprendizaje, que consisten en preguntas o afirmaciones abiertas, con las que se promueve el pensamiento en los estudiantes.

Algunos ejemplos:

1. «¿Qué te hace decir eso?» (rutina para **interpretar y justificar**)

2. Pensar-cuestionar-explorar (rutina para **profundizar y cuestionar**)

3. Pensar-juntarse-compartir (rutina para **razonar y explicar**)

4. Círculos de puntos de vista (rutina para **explorar distintas perspectivas**)

5. «Solía pensar»–«Ahora pienso» (rutina para **reflexionar sobre cómo y por qué nuestro pensamiento ha cambiado**)

6. Ver-pensar-preguntar (rutina para **explorar estímulos visuales**)

7. CSI (rutina para **visualizar, imaginar y anclar:** color, símbolo, imagen)

A partir de este tipo de estrategias y rutinas de pensamiento, se orienta a los docentes a replantearse su trabajo desde la pedagogía para la comprensión.

33. Hábitos mentales

Considerados herramientas mentales, A. Costa los define como las disposiciones que debe tener un individuo si pretende realizar exitosamente sus tareas, sean cuales sean estas. Define 16. Nos sirven como sistematización para dar visibilidad a cada uno de ellos (hábitos) en cada situación de aprendizaje... Se repetirán en multitud de ocasiones a lo largo de la escolaridad obligatoria y al final de esta. Después de haber dado visibilidad en múltiples ocasiones a cada uno de ellos, quizá se han convertido en hábitos.

A. Costa considera hábitos a la persistencia, el manejo de la impulsividad, escuchar a los demás con empatía y comprensión, pensar flexiblemente, la metacognición, esforzarse por alcanzar la exactitud y la precisión, cuestionar y plantear problemas, aplicar a nuevas situaciones el conocimiento pasado, reunir información por medio de todos los sentidos, crear-imaginar-innovar, responder con admiración y asombro, asumir riesgos con responsabilidad, encontrar el humor, pensar de manera interdependiente o aprender continuamente.

34. Otras técnicas para aprender a pensar...

Se habla de los **organizadores visuales** como mapas conceptuales, mapas mentales, Ishikawa, líneas del tiempo, diagrama de Venn, telarañas, organigramas...

Estaría bien incluir, de forma visible, alguno en cada unidad de aprendizaje.

Metacognición: pensar sobre como pensamos. ¿Qué procedimientos sigue mi cognición para aprender y para pensar?

Solo aquello que se nombra y se reflexiona puede ser mejorado.

Listados de preguntas: listados para chequear procedimientos...

En este caso, podemos dar visibilidad a la escalera de la cognición. En este caso, no podemos olvidar que es necesario dedicar tiempo específico para pensar sobre cómo se piensa.

Técnica de seis sombreros para pensar, de Edward de Bono.

Conocer la **propuesta del maestro M. Segura sobre los cinco tipos de pensamiento:** pensamiento causal, pensamiento alternativo, pensamiento consecuencial, pensamiento de perspectiva o pensamiento de medio-fin.

Estos tipos de pensamiento se pueden priorizar en cada una de las situaciones de aprendizaje o unidades.

35. Habilidades emocionales

Educar con 3 Ces: capacidades, competencias y CORAZÓN, una educación afectiva. Ya hemos dicho que esto es una condición *sine qua non,* pero no se puede dejar sola; también hay que incluir la educación del afecto, la educación emocional. El formato debería ser por programas y eso implica, en cada caso, incluir de forma visible una habilidad en cada situación de aprendizaje, una habilidad intrapersonal o interpersonal: autoconocimiento, autonomía, autocontrol, autoestima, comunicación, asertividad, empatía, resolución de conflictos...

36. Técnicas cooperativas

Basándonos en S. Kagan y en los hermanos Jonhson, y con las aportaciones de Pere Pujiolas, elegiremos con intención de priorizar, no de excluir otras, algunas estrategias concretas o técnicas de aprendizaje cooperativo concretas, para recoger en cada situación didáctica.

Rally Robin; Round Robin; *rallytable* y *roundtable; rally coach; rallyquiz; time pair share* (cronoparejas comparten); *mix-pair-share* (mezclar-emparejar-compartir); *team interview* (entrevista en grupo); *three-step interview* (entrevista en tres pasos); *pair-stand-n-share* (parejas en pie comparten); *trading cards* (tarjetas compraventa); *travelling heads together* (cabezas viajeras unidas); *sage-n-scribe* (sabio y escriba); *jigsaw* (rompecabezas); *think-pair-share* (parejas piensan y comparten); parada de tres minutos; cabezas numeradas; *team-pair-solo* (grupo, parejas e individual); *problem card* (enviar un problema); *circle the sage* (círculo de sabios); dentro y fuera del círculo; compartir tarjetas; cubo del cuento de hadas; mesa redonda; folio giratorio; cabezas numeradas; grupo nominal; pares discuten; giro de la reunión; encontrar a alguien que...; estructura simple: 1-2-4; parada de tres minutos; mapa conceptual a cuatro bandas; cuatro sabios; lápices al centro; juego de las palabras; mapa conceptual mudo; lectura compartida; páginas amarillas; conocemos palabras juntos; «¿en qué nos parecemos?»; mesa rápida; «todos respondemos»; construir un problema; «te ayudo, me ayudas» (corrección en parejas); pensando en parejas...

Puzle de Aronson, o divisiones por rendimiento de Slavin; grupos de investigación de Sharan...

No están todas las que son ni son todas las que están. Cada docente puede diseñar sus propias técnicas. El objetivo es que el alumnado se haga autónomo y utilice cada una de estas técnicas citadas sin directividad, interiorizándolas como recursos propios.

37. Recursos personales excepcionales

Este apartado se considera de máxima importancia y hace referencia a fortalezas del profesorado. Cuando el profesorado disfruta ante una situación de aprendizaje, el alumnado también. Dice el profesor A. Zabala «que el alumnado no aprende nada de lo que le enseñamos; nos aprende a nosotros».

Generar admiración y curiosidad en el alumnado es mucho más fácil si el profesorado aprovecha sus recursos personales y los evidencia dentro de su programación.

38. Otros

Como en cualquier listado, no está todo lo que es y no es todo lo que está. Una programación es buena cuando es integral, completa y compleja y cuando, después de ser implementada, difiere mucho de lo que fue planificado.

Por otra parte, es de suma importancia que todos los elementos citados y descritos no sean nunca considerados como una suma de partes. Deben ser una interacción entre ellos; una planificación sistémica, en la que son evidentes la sinergia y la recursividad.

¿Qué evaluar?

En el caso de las situaciones didácticas o situaciones de aprendizaje, la evaluación también se convierte en la piedra angular, en el elemento definitivo.

39. **Criterios de evaluación de unidad** (referencia a objetivos didácticos o criterios de evaluación de programación general)

Aquí recopilamos los criterios de evaluación didácticos, los propios de la unidad, los referentes de los objetivos didácticos. En estos, se deben reflejar los diferentes niveles de comprensión y estar formulados precedidos de la preposición «sobre», lo que permitirá siempre una evaluación cualitativa.

Estos criterios deben permitir la utilización de cualquier instrumento de evaluación. En cada unidad, deben utilizarse tres o más instrumentos diferentes en los procedimientos de evaluación: exámenes (orales, escritos, test, desarrollo, con material, sin material...), rúbricas, listas de control, escalas de observación, portafolios, entrevistas, revisión de cuadernos y tareas del alumnado, entrevistas, protocolos de autoevaluación y de evaluación en equipo...

40. Criterios de calificación

Estos criterios de calificación deben estar asociados a las tareas planteadas en cada unidad o situación de aprendizaje.

Cada criterio de calificación debe ser susceptible de convertirse en un instrumento de evaluación, con evidencias claras capaces de recoger la evolución.

41. Evidencias de criterios para rúbricas o cualquier otro instrumento de evaluación

La evaluación es el reflejo más claro del trabajo. El alumnado debe conocer las propuestas de evaluación desde el principio y saber también que todo, absolutamente todo lo que se realiza en la escuela, es evaluable. La subjetividad interpretada es mala consejera de los procesos de evaluación; por esta razón, si los criterios de calificación están asociados a tareas, actividades y propuestas de acción, será fácil convertirlos en indicadores observables para el diseño de rúbricas o escalas de observación. Estas evidencias deben hacer referencia a procedimientos o habilidades competenciales y no a indicadores de logro de contenidos.

* * * * * * *

No están todos los elementos que son y no son todos los que están. Con este modelo, se pretende solo mostrar una guía que permita la reflexión y posibilidad a cada centro y a cada docente de incluir su experiencia y «tunear» el modelo para dar respuesta a lo que, de verdad, lo ayudará a realizar su práctica con posibilidades de innovación y de mejora.

11

CONCLUSIONES

Conclusiones... realmente no las hay. El final de estas páginas solo es un principio. Nada de lo que aquí se pudo sugerir vale si no se lee con ojos de niño; se escucha con la oreja verde; se saborea con el paladar del cocinero, el tacto del cirujano, el sentido común de los viejos y el humor del payaso.

En estas líneas, solo se recogen sugerencias para ser customizadas, de tal manera que el final nada se parezca al principio.

En estas líneas, he querido sentar las bases de la escuela con la que sueño; de la escuela que, desde hace tiempo, vengo pensando...

¿Cómo es esta escuela? ¿Cuál es esta escuela?

He encontrado la respuesta.

He encontrado la respuesta de la mano de Harry Potter y de la interpretación que de esta magnífica obra hace Tom Morris en su libro *Si Harry Potter dirigiera General Electric* (2006).

Tom Morris demuestra que los problemas más difíciles que Harry Potter y sus amigos afrontan raramente se resuelven exclusivamente mediante el uso de la magia. Por el contrario, se resuelven con inteligencia, planificación, determinación, creatividad, fidelidad, confianza, amistad y otras virtudes clásicas, que son las que en realidad conducen al éxito.

Nuestras escuelas tienen la posibilidad de resolver, porque tienen la capacidad de decidir. La barita mágica tiene forma de proyecto: **Educar con 3 Ces.**

Nuestros equipos directivos, como Dumbledore, el gran mago y director de Hogwarts, encarna la nobleza, la bondad, la destreza, la sabiduría, la inteligencia y la opinión sólida. Sabe ofrecer su ayuda en los momentos en los que se le necesita y solo habla cuando sabe seguro que los demás están preparados para escuchar. Es digno de confianza.

Cree en segundas oportunidades; cree que los errores te dan la oportunidad de cambiar para mejorar.

Es un ejemplo de valentía, templanza, liberalidad, magnificencia, orgullo, buen humor, simpatía, veracidad y justicia. Su buen carácter inspira confianza, respeto, lealtad. Dumbledore es maestro, modelo, colaborador y motivador. Es el **equipo directivo.**

Harry Potter, el protagonista, en nuestra escuela, es alumno y es maestro. Tom Morris recomienda cinco pasos para alcanzar la valentía:

1. Prepararse para el desafío: la preparación proporciona competencia y confianza, que son esenciales para el éxito. Con frecuencia, la preparación es lo que separa la valentía de la temeridad.

2. «Rodéate de apoyos»: casi nada se puede conseguir en soledad. La clave está en el equipo. Harry apoya a sus amigos cuando ellos lo precisan. Recíprocamente, sus amigos están a su lado cuando es él quien necesita aliento. Uno de los temas fundamentales de la serie de Harry Potter es el valor de la amistad.

3. «Comprométete con el diálogo interior positivo»: el lenguaje no es neutral; si es positivo, nos dota de optimismo. Motiva el esfuerzo necesario. A menudo, conocemos los pensamientos íntimos de Harry. Harry trabaja explícitamente para fortalecer su valentía: se dice cosas positivas para sus adentros.

4. Centrarse y concentrarse en lo que está en juego: el foco combate la inercia. La misión, la visión de futuro, apelar a nuestros valores es lo que marca la diferencia. Cuando Harry debe enfrentarse a desafíos en el torneo de los Tres Magos, realiza un gran esfuerzo para salvar a sus amigos. No piensa en el miedo, se concentra en lo que está en juego y no tiene tiempo para ser demorado o detenido por sentimientos negativos. En la historia de la humanidad las personas, simplemente, supieron cuál era la tarea que debían realizar y la llevaron a cabo. Lo que los motivó a actuar fue saber qué era lo que estaba en juego.

5. «Emprende las acciones adecuadas». Se trata de hacer y no solo de hablar, de pensar, de sentir... Es la ejecución la que determina el resultado. En varias ocasiones, Harry muestra el poder de la acción. Durante una clase, una serpiente sale inesperadamente del extremo de la varita de un mago y se dirige hacia un compañero, lista para atacar. El miedo acecha. Pero, cuando Harry se puso en acción, el miedo simplemente desapareció. Harry tenía que actuar y actuó, aun cuando no fuera plenamente consciente de qué estaba haciendo, ignorando si su acción sería o no eficaz, pero sintiendo que era lo correcto y que él debía hacerlo.

Si no explotas a fondo tus virtudes, tu vida será miserable.
(Harry Potter en *El prisionero de Azkaban*)

Hemos encontrado hasta diez claves en *Harry Potter* para diseñar y soñar la escuela que queremos. Por ahora, nos quedamos con dos (Dumbledore y Harry Potter); en otro momento, seguiremos con la historia... Lo que sí podemos afirmar es que «nuestra escuela» la dibujamos como Hogwarts y no como el bosque en el que vive Voldemort...).

12

BIBLIOGRAFÍA

AA. VV. (2000). *Evaluación como ayuda al aprendizaje*. Barcelona: Graó.

Acosta Contreras, M. (1998). *Creatividad, motivación y rendimiento académico*. Málaga: Ediciones Aljibe.

Adell, J. (1997). «Tendencias en educación en la sociedad de las tecnologías de la información», en *Edutec. Revista Electrónica de Tecnología Educativa*, 7. Recuperado de: http://www.uib.es/depart/dceweb/revelec7.html.

Ainscow, M. (2008). *Desarrollo de escuelas inclusivas: ideas, propuestas y experiencias para mejorar las instituciones escolares*. Madrid: Ed. Narcea.

Alonso Gancedo, N. (2005). *Programa educativo de crecimiento emocional y moral*. Málaga: Aljibe.

Alonso Tapia, J. (2000). *Motivación y aprendizaje en el aula*. Madrid: Santillana.

Álvarez González, M. (2001). *Diseño y evaluación de programas de educación emocional*. Barcelona: Praxis.

Álvarez Méndez, J. M. (2001). *Evaluar para conocer, examinar para excluir*. Madrid: Morata.

Alves, R. (1996). *La alegría de enseñar.* Barcelona: Octaedro.

Antúnez, S. (2010). *Del proyecto educativo a la programación de aula.* Barcelona: Graó.

Arnaiz Sánchez, P. (2003). *Educación inclusiva, una escuela para todos.* Málaga: Aljibe.

Armstrong, T. (1992). *Tu hijo es un genio: cómo reconocer y estimular el talento de los hijos.* Barcelona: Ediciones B.

Aucouturier, B. (2007). *Los fantasmas de acción y la práctica psicomotriz.* Barcelona: Graó.

Aucouturier, B. (2007). *¿Por qué los niños y las niñas se mueven tanto?* Barcelona: Graó.

Ausubel, D. P., Novak, J. D., y Hanesian, H. (1983). *Psicología educativa: un punto de vista cognoscitivo.* México: Trillas.

Bassedas, E., Huguet, T., y Solé, I (1998). *Aprender y enseñar en educación infantil.* Barcelona: Graó.

Binauro, J. A. (1995). *Cómo elaborar unidades didácticas.* Liga Española de la Educación.

Bloom, B. S. (1977). *Taxonomía de los objetivos de la educación.* Buenos Aires: El Ateneo.

Bona, C. (2015). *La nueva educación.* Barcelona: Plaza y Janés.

Bruner, J. (1988). *Desarrollo cognitivo y educación.* Madrid: Morata.

Bueno, D. (2018). *Epigenoma, para cuidar tu cuerpo y tu vida.* Barcelona: Plataforma Editorial.

Bueno i Torrens, D. (2017). *Neurociencia para educadores.* Barcelona: Octaedro.

Caballero, J. (2008). *Alfabetización digital: un estudio en la Pontificia Católica Madre y Maestra.* Sevilla: Fortic Desarrollo Tecnológico.

Caballero, M. (2017). *Neuroeduación de profesores y para profesores.* Madrid: Pirámide.

Campos Herrero, J. (2003). *Alfabetización emocional.* Madrid: San Pablo.

Carbonell Sebarroja, J. (2015). *Pedagogías del siglo xxi. Alternativas para la innovación educativa.* Barcelona: Octaedro.

Carrasco, J. B. (2004). *Una didáctica para hoy.* Madrid: Rialp.

Casanova, M.ª Á. (1997). *Diseño curricular e innovación educativa.* Madrid: La Muralla.

Chalvin, M. J. (2003). *Dos cerebros en el aula.* Madrid: TEA Ediciones.

Chomsky, N. (2004). *La arquitectura del lenguaje.* Barcelona: Kairós.

Cohen, J. (2003). *Inteligencia emocional en el aula. Proyectos estrategias e ideas.* Buenos Aires: Editorial Troquel.

Coll, C. (1987). *Psicología y currículum.* Barcelona: Laia.

Coll, C (2005). *Aprendizaje escolar y construcción del conocimiento.* Barcelona: Paidós.

Coll, C., Palacios, J., y Marchesi, Á. (2007). *Desarrollo psicológico y educación II.* Madrid: Alianza.

Coll, C., Martín, E., Mauri, T., Miras, M., Onrubia, J., Solé, I., y Zabala, A. (1997). *El constructivismo en el aula.* Barcelona: Graó.

Corkille Briggs, D. (2000). *El niño feliz.* Barcelona: Gedisa.

De Bono, E. (1991). *Pensamiento lateral.* Buenos Aires: Paidós.

De Bono, E., y Diéguez, R. D. (1988). *Seis sombreros para pensar.* Barcelona: Granica.

Declory, O. (1965). *Iniciación general al método Decroly.* Buenos Aires: Losada.

Delors, J., Amagi, I., Carneiro, R., Chung, F., Geremek, B., Gorham, W.. ... y Stavenhagen, R. (1997). *La educación encierra un tesoro: informe para la Unesco de la Comisión Internacional sobre la Educación para el Siglo Veintiuno.*

Delval, J. (2000). *Aprender en la vida y en la escuela.* Madrid: Morata.

Dewey, J. (1918). *Las escuelas del mañana.* Madrid: Losada.

Díez Navarro, M. C. (1997). *Proyectando otra escuela.* Madrid: Ediciones de la Torre.

Díez Navarro, M. C. (2002). *El piso de debajo de la escuela*. Barcelona: Graó.

DVD Cuadernos de Pedagogía (2011). *35 años contigo*. Barcelona: Praxis.

Elizondo, M. (2004). *Asertividad y escucha activa en el ámbito académico*. Sevilla: Trillas.

Escamilla, A., y Llanos, E. (2010). *Las competencias básicas: claves para su desarrollo en los centros*. Barcelona: Graó.

Escudero, J. M. (1994). «La elaboración de Proyectos de centro: una nueva tarea y responsabilidad de la escuela como organización». En Escudero, J. M. y González, M.ª T. (1994). *Profesores y escuela*. Madrid: DIP, Ediciones Pedagógicas (pp.171-250).

Estrela, M. T. (2005). *Autoridad y disciplina en la escuela*. Sevilla: Trillas.

Europea, C. (2010). «Europa 2020. Una Estrategia para un crecimiento inteligente, sostenible e integrador». *UE-DG. COM*.

Fernández Berrocal, P. (2005). *Corazones inteligentes*. Barcelona: Kairós.

Fernández Bravo, J. A. (2017). *Enseñar desde el cerebro del que aprende*. Madrid: Mayéutica Educación.

Ferreiro, E. (1996). *Caperucita Roja aprende a escribir: estudios psicolingüísticos comparativos en tres lenguas*. Barcelona: Gedisa.

Forés, A., y Ligioiz, M. (2009). *Descubrir la neurodidáctica: aprender desde, en y para la vida*. Barcelona: UOC.

Forés, A., Gamo, J. R., Guillén, J. C., Hernández, T., Ligioiz, M., Pardo, F., y Trinidad, C. (2015). *Neuromitos en la educación. El aprendizaje desde la neurociencia*.

Freinet, C. (1972). *Por una escuela del pueblo*. México: Distribuciones Fontamara.

Freire, P. (2009). *La educación como práctica de la libertad*. Madrid: Siglo XXI de España Editores.

Gallego Gil, J. (2004). *Educar la inteligencia emocional en el aula.* Madrid: PPC.

García Ramos, M. (1992). *Bases psicopedagógicas de la evaluación.* Madrid: Síntesis.

Gardner, H. (2010). *Inteligencias múltiples: la teoría en la práctica.* Barcelona, España: Paidós.

Gerber, R. (2012). *Crear hoy la escuela del mañana.* Madrid: SM.

Gimeno Sacristán, J. (2007). *El currículum: una reflexión para la práctica.* Madrid: Morata.

Gimeno Sacristán, J. (2008). *Educar por competencias, ¿qué hay de nuevo?* Madrid: Morata.

Glennon, W. (2002). *La inteligencia emocional de los niños.* Barcelona: Paidós.

Goleman, D. (1995). *Inteligencia emocional.* Barcelona: Kairós.

González, M. (2003). *Conciencia emocional.* Madrid: Editar Libros.

Guilford, J. P. (2003). *Creatividad y educación.* Barcelona: Paidós.

Guillén, J. C. (2017). *Neuroeducación en el aula: de la teoría a la práctica.* Carolina del Sur: CreateSpace.

Hegarty, S., Hodgson, A., y Clunies-Ross, L. (1998). *Aprender juntos: la integración escolar.* Ediciones Morata.

Hernaldo, A. (2016). *Viaje a la escuela del siglo xxi.* Madrid: Fundación Telefónica.

Hernández, F., y Ventura, M (1992). *La organización del currículo por proyectos de trabajo.* Barcelona: Graó.

Jáuregui, J. A. (2000). *Cerebro y emociones.* Madrid: Maeva.

Jiménez, M. Á. (2003). *Aprender a ser persona. Un programa de desarrollo personal.* Madrid: PPC.

Johnson, D. (1992). «Positive interdependence: key to effective cooperation». En *Interaction in Cooperative Groups: The Theoretical Anatomy of Group Learning.*

Johnson, D. W., y Johnson, R. T. (1987). *Learning Together and Alone: Cooperative, Competitive, and Individualistic Learning.* Prentice-Hall, Inc.

Johnson, D. W., Johnson, R. T., y Smith, K. A. (1998). *Active Learning: Cooperation in the College Classroom.* Edina: Interaction Book Company.

Johnson, H. T. (1982). *Currículum y educación.* Barcelona: Paidós.

Kagan, S. (1989). «The structural approach to cooperative learning». *Educational Leadership, 47*(4), 12-15.

Kagan, S. (1994). *Cooperative Learning* (vol. 2). San Juan Capistrano (California): Kagan Cooperative Learning.

Kilpatrick, W. H. (1910): *El nuevo programa escolar.*

Lipman, M. (1989). *En busca del sentido.* Madrid: Ediciones de la Torre.

López Melero, M. (2004): *Construyendo una escuela sin exclusiones: una forma de trabajar en el aula con proyectos de investigación.* Málaga: Aljibe.

Marina, J. A. (2002). *Diccionario de los sentimientos.* Barcelona: Anagrama.

Marina, J. A. (2005). *Aprender a vivir.* Barcelona: Anagrama.

Marina, J. A. (2009). *Competencia social y ciudadana.* Barcelona: Alianza.

Marina, J. A. (2009). *La inteligencia fracasada.* Barcelona: Anagrama.

Marina, J. A. (2011). *El cerebro infantil: la gran oportunidad.* Barcelona: Ariel.

Monereo, C. (coord.) (2005). *Ser estratégico y autónomo aprendiendo.* Barcelona: Graó.

Mora, F. (2015). *Neuroeducación.* Madrid: Alianza.

Mora, F. (2016). *Cuando el cerebro juega con las ideas.* Madrid: Alianza.

Morgado, I. (2014). *Aprender, recordar y olvidar: claves cerebrales de la memoria y la educación*. Barcelona: Planeta.

Morin, E. (1992). «From the concept of system to the paradigm of complexity». *Journal of Social and Evolutionary Systems*.

Morris, T. V., y Gugliotella, I. (2006). *Si Harry Potter dirigiera General Electric: el saber del liderazgo según el mundo de los magos*. Barcelona: Planeta.

Novak, J., y Gowin, B. (1988). *Aprendiendo a aprender*. Barcelona: Martínez Roca.

Novak, J. D. (1982). *Teoría y práctica de la educación*. Madrid: Alianza.

Ortiz, T. (2009). *Neurociencia y educación*. Madrid: Alianza.

Palou Vicens, S. (2004). *Sentir y crecer. El crecimiento emocional en la infancia*. Barcelona: Graó.

Perkins, D. (1995). *Escuela inteligente* (vol. 17). Barcelona: Gedisa.

Perrenoud, P. (2004): *10 competencias docentes para enseñar*. Barcelona: Graó.

Perrenoud, P. (2008): «Construir las competencias, ¿es darle la espalda a los saberes?». *Revista de Docencia Universitaria*.

Pogré, P., y Lombardi, G. (2004). *Escuelas que enseñan a pensar*. Buenos Aires: Educación Papers Editores.

Porro, B. (1999). *La resolución de conflictos en el aula*. Buenos Aires: Paidós.

Pozo, J. I., y Monereo, C. (coords.) (1999). *El aprendizaje estratégico: enseñar a aprender desde el currículo*. Madrid: Santillana.

Puigdellivol, I. (1993): *Programación de aula y adecuación curricular*. Barcelona: Graó.

Pujiolas, P. (2008). *9 ideas clave. El aprendizaje cooperativo*. Barcelona: Graó.

Pujiolas, P., Riera, G., Pedragosa, O., y Soldevila, J. (2005). *APRENDER JUNTOS ALUMNOS DIFERENTES (I). El «qué» y el «cómo» del aprendizaje cooperativo en el aula.* Barcelona: Octaedro.

Rivas, F. (2003). *El proceso de enseñanza/aprendizaje en la situación educativa.* Barcelona: Ariel.

Robinson, K. (2105). *Escuelas creativas.* Barcelona: Grijalbo.

Robinson, K. (2012). *El elemento.* Barcelona: DeBolsillo.

Rodríguez, R., y Luca de Tena, C. (2001). *Programa de motivación en la ESO.* Málaga: Aljibe.

Rogers, C. R., Freiberg, H. J., y Soler, S. C. (1996). *Libertad y creatividad en la educación.* Buenos Aires: Paidós.

Román Pérez, M. (1991). *Currículum y aprendizaje.* Madrid: Ciudad S. L.

Romera Morón, M. (2017). *La familia, primera escuela de las emociones.* Barcelona: Destino.

Romera Morón, M. (2019). *La escuela que quiero.* Barcelona: Destino.

Romera Morón, M. (2021). *Educar sin recetas.* Barcelona: Destino.

Romera Morón, M. y Martínez Cárdenas, O. (2009). *Competencia social y emocional en el aula : técnicas de dinámica de grupos para docentes.* Granada: Asociación Pedagógica Francesco Tonucci.

Romera Morón, M., y Martínez Cárdenas, O. (2017). *El universo de las palabras.* Pamplona: Polygon.

Romera Morón, M., y Martínez Cárdenas, O. (2020). *La asamblea de clase: una experiencia de infantil a secundaria.* Valencia: Itbook.

Romera Morón, M. y Martínez Cárdenas, O. (2021). *Espacios y tiempos que educan | Propuestas de infantil a secundaria.* Valencia: Itbook.

Rozalén Medina, J. L. (2004). *La apasionante aventura de la educación.* Madrid: PPC.

Rueda, M. R. (2016). «Neurociencia cognitiva del desarrollo». En *Mente y cerebro: de la psicología experimental a la neurociencia cognitiva*. Madrid: Alianza.

Salinas, J. (1998). «La comunicación audiovisual en los nuevos canales». En Santamaría, C. (2005): *Tú hablas yo entiendo*. Valencia: Editilde.

Salovey, P., y Mayer, J. (2009). *MSCEIT: test de inteligencia emocional Mayer-Salovey-Caruso*. Madrid: TEA Ediciones.

Santos Guerra, M. Á. (1993). *La evaluación: un proceso de diálogo, comprensión y mejora*. Málaga: Aljibe.

Santos Guerra, M. Á. (2004). *Enseñar o el oficio de aprender*. Buenos Aires: Homo Sapiens.

Santos Guerra, M. Á. (2005). *Norte del corazón*. Málaga: Málaga Digital.

Sanz Pinyol, G. (2005). *Comunicación efectiva en el aula*. Barcelona: Graó.

Savater, F. (2000). *El valor de educar*. Barcelona: Ariel.

Savater, F. (2003). *El valor de elegir*. Barcelona: Ariel.

Segura, M. (2004). *Educar las emociones y los sentimientos*. Madrid: Narcea.

Segura, M. (2005). *Relacionarnos bien. Programa de competencia social para niñas y niños de 4 a 12 años*. Madrid: Narcea.

Silva, R. E. S. (2008). *Estilos de aprendizaje a la luz de la neurociencia*. Madrid: Coop. Editorial Magisterio.

Souto Coelho, J. (2002). *Escuelas para vivir*. Madrid: PPC.

Stenhouse, L. (1984). *Investigación y desarrollo del currículum*. Madrid: Morata.

Stöker, K. (1964). *Principios de didáctica moderna*. Buenos Aires: Kapelusz.

Swartz, R. J. (1987). *Teaching for Thinking: A Developmental Model for the Infusion of Thinking Skills into Mainstream Instruction*.

Swartz, R., Costa, A., Beyer, B., Reagan, R., y Kallick, B. (2008). *El aprendizaje basado en el pensamiento*. Madrid: Ediciones SM.

Tonucci, F. (1985). *Niño se nace: Con ojos de niño, 2*. Barcelona: Barcanova.

Tonucci, F. (1989). *Cómo ser niño*. Barcelona: Barcanova

Tonucci, F. (2003). *Cuando los niños dicen basta*. Madrid: Fundación Sánchez Ruipérez.

Tonucci, F. (2015). *La ciudad de los niños*. Barcelona: Graó.

Tonucci, F. (2016). *Cuando los niños dicen* ¡basta! (vol. 321). Barcelona: Graó.

Tonucci, F., De Tagle, M. S., y Valdivia, M. L. (1989). *Con ojos de niño*. Barcelona: Barcanova.

Toro, J. M. (2005). *Educar con co-razón*. Bilbao: Desclée.

Torre, S. de la (2005). *Sentipensar*. Málaga: Aljibe.

Torrego, J. C. (2003). *Mediación de conflictos en instituciones educativas. Manual para la formación de mediadores*. Madrid: Narcea.

Trueba, B. (2010). *Talleres integrales en educación infantil* (vol. 1). Madrid: Ediciones de la Torre.

Voli, F. (2002). *La autoestima del profesor*. Madrid: PPC.

Voli, F. (2003). *Sentirse bien en el aula*. Madrid: PPC.

Vygostki, L. (1974). *Pensamiento y lenguaje*. Barcelona: Paidós.

Vygostki, L. (1979). *El desarrollo de los procesos psicológicos superiores*. Barcelona: Grijalbo.

Zabalza, A. (2008). *11 ideas clave. Cómo aprender y enseñar competencias*. Barcelona: Graó.